MW01101261

보이지 않는 세계가 더 넓다

믿음이란 한 알의 밀알이 땅에 떨어져 죽음으로 많은 열매를 맺음과 같이 진리의 열매를 위하여 스스로 죽는 것을 뜻합니다. 눈으로 볼 수는 없으나 영원히 살아 있는 진리와 목숨을 맞바꾸는 자들을 우리는 믿는 이라고 부릅니다. 「믿음의 글들」은 평생, 혹은 가장 귀한 순간에 진리를 위하여 죽거나 죽기를 결단하는 참 믿는 이들의, 참 믿는 이들을 위한, 참 믿음의 글입니다.

보이지 않는 세계가 더 넓다

지구촌 땅끝 영혼을 찾아 떠난 개척 선교 백만 마일

박태수 지음

홍성사

차
례

• 글에 등장하는 현지인 성도, 사역자 들의 이름은 가명으로 했고
  민감한 지역의 경우 지명과 지역 설명도 약간 변경했습니다.
• 사진을 제공해 주신 변희상, 변정우 님께 감사를 드립니다.

가려진 사람들의 이야기

미국 텍사스에 칼러 파커라는 여인이 있었습니다. 잔인무도한 그녀는 도둑질하려고 어느 집에 들어갔다가 집 주인을 도끼로 찍어 죽인 유명한 텍사스 도끼 살인 사건의 범인이기도 했습니다. 사람들은 그녀 때문에 공포에 떨어야 했습니다. 그녀는 결국 붙잡혔고 사형선고를 받았습니다. 그러나 그녀의 얼굴에는 한 줌의 후회도, 미안함도 없어 보였습니다. 그녀의 그런 모습을 보며 사람들은 경악했습니다.

감옥에 수감되어 사형 집행을 기다리던 어느 날, 그곳에서 사역하던 목회자로부터 그녀는 복음을 들었습니다. 잔인하고 악랄하여 누구도 가까이하기를 꺼려했던 그녀는 복음을 듣고 변화되기 시작했습니다. 성경을 배우며 복음을 몸으로 실천했습니다. 점점 수감자들의 존경의 대상이 되었습니다. 소문은 전국으로 퍼져 주요 언론과 방송에서 앞 다투어 그녀를 소개하기 시작했습니다.

그즈음 그녀의 사형 집행 날짜가 결정되었습니다. 사람들은 변화된 그녀를 감형해야 한다고 탄원했습니다. 전국의 교회는 물론 교황까지 나서서 감형을 호소했습니다. 그러나 주 정부는 법대로 사형을 집행하기로 했습니다.

사형당하기 며칠 전 한 TV에서 그녀를 인터뷰했습니다. 기자는 인터뷰를 마치며 마지막으로 하고 싶은 말이 무엇이냐고 물었습니다. 그녀는 이렇게 말했습니다.

"여러분에게 고통을 드려 죄송합니다. 그 고통의 빚을 갚지 못하고 떠나는 것을 용서해 주십시오. 여러분, 만나야 할 분을 꼭 만나십시오. 이것이 제가 하고 싶은 마지막 말입니다."

만나야 할 분을 만나야 참 인생을 살 수 있습니다. 그것이 삶의 본질이고, 그 길로 다른 사람을 인도하는 것이 그리스도인의 소명입니다. 만나야 할 분을 만나지 못한 채 살아가는 사람과 그분을 들어 보지도 못한, 지구상의 가려진 사람들에 대한 이야기를 하려고 합니다. 줌 렌즈로 촬영하듯 잃어버린 사람들에게로 가까이 안내하겠습니다. 저와 떠나는 이 여행에서 우리에게 주신 '증인 됨의 소명'에 관해 한 번쯤 고민하는 시간이 되면 좋겠습니다.

모든 과정을 인도해 주신 주님께 감사드립니다. 사랑하는 아내와 세 자녀의 격려로 이 글을 쓸 수 있었습니다. 개척 선교를 할 수 있도록 동역자가 되어 주신 후원자들, 자문과 지도로 도와주신 모든 분들 그리고 홍성사 가족 여러분께 감사를 드립니다.

플로리다의 미국 CCC 국제본부에서

박태수

완전한 사랑만이 사람을 살린다

어릴 적 우리 집은 동네에서 제법 부자 축에 들었다. 꽤 큰 규모의 건축자재 회사를 경영하시던 아버지 덕으로 내가 원하는 것은 무엇이든 살 수 있었다. 난 부족함을 몰랐다. 친구도 많았고, 용돈도 넉넉했다. 신의 존재에 대해 생각해 본 적은 없지만 설사 신이 있다고 하더라도 내게 필요하다고는 한 번도 생각해 보지 않았다. 종교라는 것은 가난하고 세상 즐거움을 모르는 사람들에게나 필요한 것이라 생각했다.

그러던 우리 집에 큰 위기가 닥쳤다. 한창 번창하던 아버지 회사가 하루아침에 부도가 났다. 고등학교 2학년을 막 시작할 때였다. 회사는 다른 사람의 손에 넘어갔고, 내가 태어나고 자란 2층 양옥집도 빼앗겼다. 우리가 가지고 있던 모든 것들은 이 사람 저 사람 손에 넘어갔고, 쫓겨나듯 이사를 간 곳은 내 자존심을 단숨에 허물어트리기에 충분했다. 아버지는 매일 술로 하루하루를 보냈다. 친구들은 슬금슬금 날 멀리하기 시작했다. 돈이 있을 땐 세상의 모든 것을 다 가질 수 있었는데 돈을 잃자 내겐 아무것도, 아무도 남아 있지 않았다. 사는 것이 부끄러웠다. 왜 이런 삶을 살아야 하는지 딱히 답을 찾을 수 없었다. 이렇게 사느니 차라리 죽는 것이 나아 보였다. 죽음만이 내가 안고 있는 문제를 한순간에 해결할 수 있는 유일한 길이라고 생각했다.

그날은 토요일이었다. 쥐약을 구해 가방에 넣고 등교했다. 세상에 미련 따윈 없었다. '곧 이 모든 고통에서 벗어나겠지.' 혼자 생각에 빠져 있는데 뒷자리에 앉은 친구가 말을 걸었다.

"태수야, 수업 끝나고 우리 탁구 치러 갈래?"

"탁구?"

난 무슨 생각에서인지 친구의 초대에 응하고 말았다.

친구를 따라 간 곳은 교회였다. 그날 생전 처음으로 교회라는 곳에 들어갔다. 두어 시간쯤 정신없이 탁구를 치고 있으려니 사람들이 교회당에 점점 들어오기 시작했다. 중고등부 학생회가 모이는 날이라고 했다. 학교에서 보던 옆 반 친구도, 관심의 대상이었던 여고생들도 이곳으로 모이고 있었다.

그런데 이들은 지금까지 어울리던 친구들과 전혀 다른 세계에 사는 사람들 같았다. '어떻게 같은 학교에 다니면서 여기 있는 아이들은 내가 어울리던 친구들과 이렇게 다를 수 있을까?' 문득 이 세상 즐거움에 취하는 게 전부가 아닌 것 같은 생각이 들었다.

학생회 모임이 끝나고 전도사님이 나를 불렀다. 그리고 단도직입적으로 도전했다. '나보고 예수를 믿으라고?'

하지만 나는 그분 앞에 무릎을 꿇을 수밖에 없었다. 나를 변화시켜 달라는 외침이 정말 마음 깊은 곳에서 메아리쳐 울렸다.

그날 밤, 가방 속에 넣었던 쥐약을 쓰레기통에 버렸다. 살고 싶었다. 내가 그동안 몰랐던 다른 세상이 꼭 있을 것만 같았다.

다른 세상이 있을 것같이 느끼던 그날은 내게 제2의 출생과도 같은 날이었다. 당시 나는 돈이 내 문제를 해결해 줄 거라 생각했다. 돈이 있어야만 부도로 무너진 우리 집, 내 곁을 떠난 친구들을 되찾을 수 있다고 생각했다. 그러나 돈은 없었다. 그래서 선택한 것이 죽음이었다.

그런데 친구는 내게 돈이 아닌 사랑을 주었다. 그것은 영원한 생명을 얻을 수 있는 사랑이었다. 나를 살린 것은 내가 그렇게도 필요했던 돈이 아니라 사랑이라는 보이지 않는 그 무엇이었다. 그것이 나를 살게 만들었다.

그동안 수없이 많은 나라와 지역을 다녔다. 교회가 없고 복음이 들어가지 않은 곳을 발바닥이 부르트도록 뛰어다녔다. 아이들이 신발도 없이 돌길을 걸어 다녀야 하는 곳도 있었고, 장티푸스로 온 동네가 죽어 가는 마을도 있었다. 전쟁 후유증으로 몸살을 앓고 있는 지역도, 에이즈로 갓난아이들까지 죽어 가는 마을도 있었다. 하나같이 먹을 것을 달라, 약을 달라 아우성이었다. 어디서부터 손을 써야 할지 모를 정도로 그들의 환경은 비참했다. 내가 가진 것이라면 무엇이든 주고 싶었다. 옷도 주고 약도 주고 먹을 것도 주었다. 하지만 그것보다 더 큰 것, 보이지 않는 영원한 생명을 주고 싶었다. 영원히 떨어지지 않을 양식, 영원히 메마르지 않는 샘물을 먹은 사람은 비참한 환경에 있더라도 소망을 갖는 걸 보았다. 행복하게 살아 보겠다는 의지로 불타는 것을 보았다.

내가 아무리 발버둥 쳐도 지옥 같은 그들의 환경을 바꿀 수는 없었다. 내 손에 쥔 것은 한계가 있었다. 대신 내 가슴속에 있는 소망을 함께 나누었다. 영원한 소망, 꺼지지 않는 기쁨을 함께 나누었다. 당장 내일의 양식이 없어 굶어 죽을 지경인데도 그들은 감사의 눈물을 흘렸다. 여전히 배고프고 고통스러운 상황이지만 그들은 웃음을 보였고 손을 흔들어 주었다. 살겠다는 의지가 생겨나고 소망이 피어났다.

난 안다. 그 기쁨과 소망이 어디서 오는지를. 자살만이 유일한 해결책이었던 내게 친구가 전해 준 영원한 생명. 그 사람들도 내가 받았던 그 생명을, 그분을 받았음을 난 알 수 있었다.

22년 전, 주님을 전하는 무명의 사역자로 살겠다는 평생의 서약을 드렸다. 그 약속을 멈추지 못하는 것은 바로 이들의 얼굴에서 발견하는 작은 미소 때문이다. 소망이 피어나는 그들의 얼굴에서 난 오늘도 이 길을 가겠다고 작은 목소리로 기도드린다.

"그리스도의 이름이 알려진 곳 말고 알려지지 않은 곳에서 복음을 전하는 것을 명예로 삼았습니다." (롬 15:20, 표준새번역)

1부 아무도 책임지지 않는 사람들

아프가니스탄 이야기

아프가니스탄은 '폭삭 무너져 내린 나라'라고밖에는 표현할 수 없었다. 밀가루 한 포대만 있어도 감사하고 행복하다는 사람들이었다. 그러나 그 밀가루 한 자루가 없어 굶어 죽고 얼어 죽었다. 모두가 똑같이 세상에 태어나 한 번 사는 인생들인데 왜 이 사람들은 이토록 비참하게 살다 죽어야 할까?

나는 이제야 깨어난 여자다.

내 아이가 불타고 난 재로 폭풍이 일고

내 오라비의 피가 개울을 이루어 흐를 때 나는 깨어났다.

내 민족은 나를 분노케 하고

파괴되고 불타 버린 마을은 적을 증오하게 만든다.

나는 이제야 깨어난 여자다.

나는 갈 길을 찾았고 다시는 돌아오지 않을 것이다.

나는 닫혀 있던 무지의 문을 열었고

모든 금팔찌들과 작별 인사를 했다.

오, 나의 동포여, 나는 과거의 내가 아니다.

나는 이제 깨어난 여자다.

맨발로 방황하는 거리의 아이들을 보았고

헤나 치장(결혼식 때 하는 신부 치장)을 한 상복 입은 신부를 보았다.

나는 마지막 호흡과 피의 파도 속에서 자유의 노래를 배웠다.

나는 갈 길을 찾았다.

다시 돌아오지 않을 길이다.

나는 간다.

−아프가니스탄 여성 미나(Meena)의 시 'I'll Never Return'에서

지뢰도, 난민촌도 없는 곳으로

자르파 할아버지가 아침 일찍 나를 깨웠다. 보여 줄 동네가 있다며 같이 가자고 했다. 주섬주섬 옷가지를 챙겨 입고 마당에 나와 보니, 어떻게 설득했는지 동네에 하나뿐인 이브라힘 할아버지의 지프차가 세워져 있었다. 새까만 헝겊으로 먼지나 털어내는 정도지만 중학교 다니는 손자 녀석이 할아버지의 그 보물 1호를 열심히 세차하고 있었다. 뭐, 10분만 달리면 다시 먼지에 뒤덮이고 말 테지만…….

"오늘은 학교 안 가니?"

"할아버지가 학교 가지 말랬어요. 오늘 운전해야 한다고."

세차하던 손을 멈추지 않고 손자가 대답했다.

"아니, 뭐라고? 운전하려고 학교에 안 가?"

화난 얼굴로 이브라힘 할아버지를 돌아봤지만 오히려 쓸데없는 일로 소란 피우지 말라는 듯 나를 쳐다봤다. 자르파 할아버지도 뭐가 문제냐는 듯 빙긋이 웃고 계신다.

탈레반은 아프가니스탄을 10년간 지배하면서 모든 학교를 폐쇄했다. 아프가니스탄을 떠나 난민으로 떠돌던 사람들 역시 교육의 혜택을 받지 못했다. 그러다 보니 이들에게 교육이란 개념이 생소해져 버렸다. 그것을 다시 소생시키느라 정부와 국제 구호 단체들이 발버둥 치고 있지만 아직 그 힘이 전국적으로 미치지는 못한다. 두 할아버지를 붙들고 자녀 세대의 최대 과제는 교육이라고 침을 튀겨가며 이야기했다. 설득이 된 것인지 귀찮아서인지 다음부터는 절대로 이런 일 없을 거라는 할아버지들의 약속을 받아 냈다.

하얀 먼지를 휘날리며 지프차는 산길을 올랐다. 이런 길에서 최고 속도는 시속 10킬로미터 정도다. 이렇게 천천히 가도 워낙 길이 험하다 보니 몸은 이리 휘청 저리 휘청 중심을 잡지 못했다. 두 시간쯤 달렸을까, 마을이 시야에 들어왔다. 50호쯤 되는 작은 마을이었다. 아침도 못 먹고 나왔더니 허기지고 갈증도 나서 잠시 들렀다 가자고 했다. 차가 들어갈 수 있는 길이 없어 마을 입구에 주차를 했다. 걸어서 등선을 넘어가는데 동네 여자들이 문을 빠끔히 열고 우리를 엿본다. 아이들이 뛰어나왔다. 또 동네 아이들에게 동물원 원숭이 노릇을 해야 할 시간이 왔다. 아이들과 막 장난을 하려는데 갑자기 한 여인이 뛰쳐 나왔다. 얼마나 급했는지 맨발로 나와 도와 달라고 소리를 쳤다. 여인을 따라 황급히 집으로 들어갔다. 다섯 살쯤 돼 보이는 남자아이가 누워 있었다. 다리쪽을 보니 덮어 놓은 얇은 보자기가 피로 흥건히 젖어 있었다.

'지뢰……'

탄식이 새어 나왔다. 응급 약품 가방을 찾았다. 아, 아침에 서둘러 나오느라 약품 가방을 챙기지 못했구나! 이브라힘 할아버지가 아이를 살폈다. 자르파 할아버지는 부모에게서 사고 경위를 듣고 있었다. 아이를 살펴본 이브라힘 할아버지는 고개를 흔들었다.

아이는 하루 전에 후미진 산기슭에서 지뢰를 밟았다고 했다. 하지만 아무도 그 사실을 몰랐고 거의 하루 동안 방치해 두었던 것이다. 정신을 잃은 채 너무 오랫동안 피를 흘리는 바람에 살아날 가망은 없어 보였다. 아이를 안았다. 지뢰 밟은 다리뿐만 아니라 온몸이 피투성이였다. '이 지경이 되도록 아무도 몰랐단 말인가? 혼자서 그 오랜 시간 동안 얼마나 고통스러웠을까?' 마음이 아파 견딜 수가 없었다. 이 지역에는 의사도, 병원도 없다. 빨리 발견한들 무슨 뾰족한 수도 없었을 것이다. 빨리 지혈해 생명을 구할 가능성을 조금 높일 수 있을지는 몰라도.

아이를 부둥켜안고 기도했다. 기도라기보다는 허공을 향해 쏟아 내는 절규였다. 지금껏 난민으로 떠돌아다니다 여기까지 왔을 텐데, 지금까지 인간다운 삶을 제대로 살아보지도 못했을 텐데, 왜 이렇게 세상은 불공평한 걸까?

아이는 이곳에서 새 삶을 시작할 꿈에 부풀었을 것이다. 물도 없고 먹을 것도 없는 외양간 같은 집이지만 아이는 이곳에서 새로운 삶을 기대했을 것이다. 그러나 아이의 꿈은 지뢰와 함께 산산이 날아가 버리고 말았다.

"너, 천국이란 곳을 아니? 천국에는 탈레반도, 난민촌도 없단다. 거기는 지뢰도 없고 미사일도 없어. 아프지도 않고, 약도 필요 없는 곳이야. 먹을 것은 얼마나 많은지 한나절씩 줄 서서 기다릴 필요도 없단다. 너, 그런 곳에 가고 싶지 않니?"

하얗게 변해 버린 아이의 얼굴에 대고 그렇게라도 말을 해야만 내 마음이 편할 것 같았다. 아이가 영으로라도 내 말을 알아들을 수 있으면 얼마나 좋을까. 그렇게 30분쯤 지난 것 같았다. 아이를 부둥켜안고 있던 내 손에 섬뜩한 기분이 느껴졌다. 혹시…… 혹시……. 자르파 할아버지에게 맥박을 확인해 보라고 눈짓했다. 할아버지는 가느다란 아이의 손목을 만져 보더니 고개를 끄덕였다. 아이는 그렇게 내 품에서 세상을 떠났다. 먹을 것도, 치료할 약도 없는 척박한 이 세상에 한 줌 미련도 남기지 않고……. 아이의 엄마, 아빠는 굳어 가는 아이를 끌어안고 통곡하기 시작했다. 누나인 듯한 소녀는 동생을 살려 내라고 내 옷을 찢을듯 흔들어 대며 울었다.

'아이야, 미안하다. 내가 어제만 왔어도, 아니, 일주일 전에만 왔어도 너를 도울 수 있었을 텐데 너무 늦었구나. 네 동생에게 지뢰도 없고 난민촌도 없는 천국으로 같이 가자고 얘기했어야 하는데…….' 식구들이 목이 터지게 울고 있는 집을 뒤로 한 채 골목으로 나왔다. 눈물이 목을 타고 흘러 옷자락을 적셨다.

광야에 핀 들꽃 같은 사람들, 지금껏 누구의 관심도 받지 못하고 사막

바람과 함께 스러져 가는 사람들. 그렇게 죽어 가는 들꽃 같은 인생들은 미련스럽게 누구도 탓하지 않았다. 외마디 절규라도 하면서 죽어 갈 것이지, 나도 당신들처럼 살고 싶다고, 나도 당신들처럼 사랑받고 싶다고, 지구 저편을 향해 소리 지르다 죽을 것이지……. 그들은 그럴 힘도 없는 사람처럼 소리 없이 그렇게 죽어 갔다.

사랑이라는 특효약

9·11 테러로 미국이 아프가니스탄에 기지를 두고 있던 알카에다 세력과 탈레반을 공격하면서 오랫동안 외부 세계에 가려져 있던 아프가니스탄의 장막이 벗겨지기 시작했다. 전쟁이 시작된 지 불과 두 달 만에 탈레반은 대부분 후퇴했고 아프가니스탄에는 전쟁의 흔적만이 남았다. '폭삭 무너져 내린 나라'라는 표현밖에는 이 비참한 상황을 설명할 길이 없다. 3백만 명은 탈레반의 폭압 정치를 피해 난민으로 떠돌았다. 온 나라 발밑에는 1천만 개의 지뢰가 깔려 있고 사람들은 기아에 허덕였다. 탈레반 정권은 세계에서 가장 완벽한 이슬람 국가를 만들기 위해 모든 시스템과 법, 사회제도를 이슬람법으로 대체했다. 모든 사람은 하루에 다섯 번씩 메카를 향해 기도해야 했다. 기도 시간에 다른 일을 하다가 적발되면 곤장을 맞았다. 모든 남자는 턱 밑에서 주먹 정도의 길이로

수염을 길러야 했다. 이것을 어겨도 곤장을 맞았다. 학교 교육은 중단됐고, 남자아이들에게는 이슬람 경전인 꾸란만 가르쳤다. 세속적인 것의 대명사인 텔레비전 방송은 전면 금지되었고, 라디오 방송국도 문을 닫게 했다. 노래와 춤을 더 이상 즐기지 못하게 하기 위해서였다. 도둑질을 하면 손목을 잘랐고 재범인 경우에는 다리를 잘랐다. 여자들은 집 밖으로 나오지도 못하게 했다. 여자들은 어떤 상황에서도 얼굴을 보여서는 안 된다는 꾸란의 가르침 때문에 집 밖으로 나와야 할 경우, 머리부터 발끝까지 가리는 부르카를 쓰고는 마흐람(남자 친척)의 동행이 있어야 했다. 동행 없이 혼자 다니다가 걸리면 곤장을 맞았다. 부르카를 쓰고 가다 바람이라도 불어 생각지 않게 속살이 보여도 매를 맞거나 심하면 감옥에 갇혔다. 여자들은 상대방이 말을 걸지 않으면 말을 해서는 안 되고, 남자들과 눈을 마주쳐도 안 되었다. 화장품을 써도 안 되고 장신구도 금지되었다. 밖에서 일도 못 하게 했고 혹 간통을 하다 적발되면 돌로 쳐 죽였다.

거의 지옥에 가까운 곳이라 해야 할 정도였다. 이런 곳에서 십 년이 넘도록 숨을 죽이며 살았던 아프가니스탄 사람들. 이들은 무슨 말을 들어도 믿지 못했고, 무슨 처벌을 당할지 몰라 말도 함부로 못하며 한 맺힌 나날을 보냈다. 이런 사람들에게 어떻게 복음을 전할 수 있겠는가? 더구나 무슬림을 개종시키려다 잡히면 처형하겠다고 공언하는 나라에서 선교는 누가 봐도 불가능한 일이었다. 그렇다고 무작정 구호 활동만 할 수도 없는 노릇이었다. 뭔가 돌파구가 필요한 상황이었다.

부르카를 쓰고 가다 바람이라도 불어 생각지 않게 속살이 보여도
매를 맞거나 심하면 감옥에 갔혔다.

어느 날, 차를 타고 시골 지역을 지나가다 한 가족이 산등성이에서 열심히 밭을 일구는 모습이 눈에 띄었다. 전쟁이 끝나고 탈레반도 떠나갔으니 살 궁리를 하자는 생각에서 시작한 모양이다. 한쪽에서는 돌을 골라내고, 다른 한쪽에서는 물을 떠 나르고 있었다. '소망이 바로 저런 모습이겠구나.' 잠시 서서 생각했다. 그들은 그렇게 돌을 골라 내고 밭을 갈아 씨를 뿌릴 것이다. 물을 주고 싹이 나기를 기다릴 것이고, 열심히 잡초를 뽑아내고 열매를 고대할 것이다. 그러나 그 밭에서 추수를 하는 것은 오랜 시간이 지난 후에야 가능할 것이다.

불현듯 이들의 모습에서 이 땅의 민족들을 위해 할 일이 무엇인지 깨달았다. 그것은 열심히 돌을 골라내는 일이다. 가슴속에 돌처럼 맺힌 저주와 복수심을 풀어 내지 않으면 아프가니스탄의 미래는 어두울 수밖에 없다. 그들은 오랜 세월 전쟁을 겪으며 사랑과 용서를 경험하지 못했다. 서로의 가슴에 생채기를 내고 복수심을 키워 왔다. 그런 감정의 뿌리를 제거하지 못한다면 이 민족이 건강하고 평화롭게 살아가는 것은 무리일 수밖에 없다. 돌아보면 하나같이 한 맺힌 사람들뿐이다. 여자들은 학대 받는 삶에서 오는 아픔이 있고, 남자들은 민족 간의 피비린내 나는 전쟁 속에서 쌓인 상처와 폭력의 골이 뿌리 깊게 자리 잡고 있었다. 주님이 주신 '완전한 사랑'이라는 특효약으로 치료하지 않으면 절대로 서로 용서할 수도, 사랑할 수도 없는 상태였다.

그해 여름, 미국의 고등학교 학생들이 아프가니스탄을 돕겠다며 차로 스무 시간이나 걸리는 오지 마을로 들어왔다. 외부 사람들에게 매우 적대적인 주민들은 한동안 경계어린 눈초리를 풀지 않았다. 학생들은 탈레반이 폭파한 학교 건물을 보수하는 일부터 시작했다. 몇 개의 벽만 덩그러니 남아 있는 건물 안에는 온갖 오물로 뒤덮여 있어 도저히 손을 쓸 엄두가 나지 않았다. 좋은 환경에서 자란 어린 학생들이 어떻게 할까 싶었는데, 그들은 팔을 걷어 오물을 치우고 주머니를 털어 건축 자재로 쓸 나무들을 구해 왔다. 그리고 아마추어(!) 건축을 시작했다.

일주일이 채 안 되어 학생들이 수리하고 건축한 학교가 모습을 드러냈다. 이곳에서 아이들을 가르치겠다고 광고를 했다. 불과 이틀 만에 4백여 명이 몰려왔다. 이렇게 몰려온 아이들은 다섯 개의 작은 교실 바닥에 발 디딜 틈도 없이 가득 찼다. 교육이라는 것을 잊고 산 지 오랜 아이들이지만 외국 사람을 보고 싶은 호기심 때문인지 아니면 공부하고 싶은 갈망 때문인지 임시 학교의 인기는 폭발적이었다.

그런데 정작 가르치겠다고 나섰던 학생들은 몰려온 아이들을 보고 그만 바닥에 주저앉고 말았다. 어떤 아이는 포탄 파편에 눈을 맞아 눈알이 튀어 나왔고, 어떤 아이는 손목의 상처가 썩어 손을 못 쓰게 되었고, 어떤 아이는 화상으로 얼굴 대부분이 타 흉측하게 일그러져 있었다. 아프가니스탄 아이들의 모습은 미국 TV에서 본 것보다 훨씬 심각하고 비참했다. 학생들은 그런 아이들의 모습에 수업을 시작하지도 못하고 비상 구급약을 꺼냈다. 마실 물이 없어 어렵게 구해간 생수까지 꺼내 아이들의 상처를 씻어 주었다. 수업을 하겠다고 수리한 학교는 금세 응급 병원으로, 부모에게 응석만 떨던 어린 고등학생들은 의료진으로 변신했다. 간단한 연고와 비상약을 처방해 주는 '어설픈' 의사들이지만 '명의'라는 소문이 나기 시작했다. 누구도 주지 못했던 '사랑'이라는 명약을 나누어 주는.

3주간의 봉사 활동을 마치고 그들이 떠난 후 한국의 대학생들이 들어왔다. 필라델피아, 로스앤젤레스, 토론토 등지에서 소식을 듣고 교회의 어른들도 함께 왔다. 그들은 불편하고 힘든 여정을 마다하지 않고 여러 마을을 다녔다. 의약품도 나누어 주고, 집도 수리해 주었다. 물이 없어 온 마을이 오염된 저수지 물을 마시고 병에 걸린 지역에 가서는 우물을 팔 수 있도록 도와 주기도 했다. 현지인 아주머니, 아저씨들을 만나면 위로해 주고 아픈 가슴으로 기도해 주었다. 먹을 것이 없어 맨밥으로 끼니를 때울 때가 다반사였고, 흙바닥에서 잘 때도 많았다. 그런 사랑이 가식적이지 않음을 느꼈는지 마을 사람은 하나 둘씩 마음을 열기 시작했다. 우리가 기독교인인 줄 알면서도 그들의 공동체 안으로 받아 준 것이다.

얼마 후, 인근의 한 젊은이가 찾아왔다. 다짜고짜 예수에 대해 가르쳐 달라고 했다. 무슬림이 개종하면 죽임을 당하는 것이 그곳의 사회법이다. 청년은 죽음을 각오했고 그의 말은 진심 같았다. 그는 오랫동안 우리를 관찰했고, 이들이 믿는 신이라면 안심하고 믿을 수 있겠다는 확신이 들었다고 고백했다. 그날 밤 청년은 예수를 만났다. 복음을 전하는 것이나, 예수를 믿겠다고 작정하는 것이나 이슬람 사회에서는 모두 위험하다. 하지만 성령께서 환경을 만들어 주셨을 때 순종하자 아무 어려움 없이 역사가 일어났다.

젊은이는 지하에서 성경을 배우고 복음을 전하며 살고 있다. 그를 통해 여러 현지인들이 예수를 영접하고 있다. 개종한 것이 발각되면 목숨을 내놓아야 함에도 그는 복음 전하는 삶을 포기하지 않는다.

슈크란!

아프가니스탄의 중부 내륙 지방은 해발고도 3천 미터가 넘는다. 백두산보다 높아 여행자들은 고산병 증세를 보이기도 한다. 게다가 생활 환경은 얼마나 열악한지…… 없는 것을 나열하기보다 있는 것을 꼽는 게 훨씬 쉽다. 그중 하나가 화장실이다. 화장실이 있는 집이 별로 없다. 기초적인 생활마저 영위할 수 없는 이곳이 바로 아프가니스탄이다.

전쟁이 끝나자 탈레반을 피해 이웃 나라로 피난 갔던 주민들이 돌아와 정착하기 시작했다. 그러나 살던 집이 대부분 파괴되어 돌아와도 거처가 없었다. 어떤 사람들은 아예 산 중턱의 동굴을 거처로 삼아 새 삶을 시작하기도 했다.

우리는 이 동굴 마을을 방문하기로 했다. 미국에서 온 목회자들과 한국의 젊은이들을 데리고 이곳을 찾아갔다. 동굴 집 대문은 쌀부대 하나를 찢어 걸어 놓은 것이 전부였다. 두세 명이 겨우 누울 만한 좁은 공간에서 보통 다섯 명 이상이 함께 지내고 있었다. 가재도구라고 할 만한 변변한 것 하나 없고 침대는커녕 맨바닥에 쓰레기 같은 천 조각 몇 개 깔아 놓고 자는 것이 전부였다.

한나절 동네를 둘러보고 나오는데 마음이 싸했다. 아프가니스탄 어디를 가나 비슷하지만 그중에서도 심한 편에 속했다. 이렇게 외진 곳에 살고 있으니 외부의 도움을 받을 가능성도 별로 없다는 것이 더 마음을 아프게 했다. 동네를 걸어 나오는데 동굴을 방문한 대원 하나가 훌쩍거리며 내려왔다. 탈레반이 모두 떠났음에도 여자들은 집 밖으로 나오기를 두려워하고 있었다. 그래서 여자 대원들에게 가정을 방문해 달라고 부탁했다. 동굴 속에 있는 여인들에게 위로도 하고 기도도 해주라는 의도였다.

"저기 있는 동굴 집에 들어갔더니 나보다 어려 보이는 엄마가 아기를 안고 있었어요. 뭔가 얘기를 하고 싶었는데 갓난아기가 낯선 사람이 들어오니까 놀랐나 봐요. 아무리 젖을 빨려도 울음을 그치지 않는 거예요. 젖이 잘 나오지 않나 싶어 제 가방 속을 뒤졌더니 사탕이 하나 있어 갓난아기에게 쥐여 줬어요. 그런데 그 어린 엄마가 사탕을 빼앗더니 얼른 자기 입으로 가져가는 거예요. 엄마는 본능적으로 아이를 먼저 생각하게 되는데, 얼마나 굶었으면…… 얼마나 배가 고팠으면……."

그녀는 말을 잇지 못하고 울기만 했다.

"믿을 수가 없어요. 믿을 수가……."

그런 상황이 어디 그 집뿐이겠는가? 마을을 걸어 나오는데 아이들이 새카맣게 몰려 나왔다. 발을 보니 하나같이 맨발이었다. 날카로운 돌이 깔려 있는 산자락인데……. 한 아이를 번쩍 안아 발바닥을 살펴보았다. 코끼리 등 같았다. 발만이 아니었다. 씻지 못해 온몸이 갈라지고 찢어져서 피가 배어 나오고 있었다.

한 달 후, 캘리포니아에 있는 신학생들에게 설교할 기회가 있어 동굴 마을 아이들에 대해 이야기했다. 예배가 끝나자 한인 교회에서 어린이 부서를 담당하는 전도사님이 찾아와 자기 교회 어린이들이 동굴 마을 아이들을 도울 수 있으면 좋겠다고 했다. 전도사님은 섬기는 교회로 돌아가 어린이들에게 아프가니스탄 아이들의 사진을 보여 주었다. 부활절을 앞둔 때였다. '부활절은 예수님께서 우리를 위해 가장 큰 선물인 구원을 주시기 위해 죽으시고 다시 살아나신 날이야. 그러니까 우리도 누군가에게 선물을 하자'고 제안했다.

부활절에는 사탕과 초콜릿이 가득 든 계란 모양의 선물을 주고받는 것이 미국 교회의 전통이다. 그래서 어린이들에게 부활절은 가장 기다리는 명절 중 하나다. 그런데 올해는 선물을 하지 않고 그 재정을 아프가니스탄 아이들에게 보내기로 한 것이다. 코 묻은 돈으로 모은 헌금을 가져왔다. 액수는 많지 않았다. 그러나 그 속에 담긴 사랑과 정성은 이 세상을 다 사고도 남을 만했다. 봉투를 받는데 코가 찡했다. 어린이들에게 좋은 교육을 하는 전도사가 자랑스러웠고, 정성을 모은 어린이들이 사랑스러웠다.

아프가니스탄으로 돌아가 지체하지 않고 마을 근처 시장으로 달려갔다. 수도 카불에는 경제 활동이 그런대로 활발하고 물건들도 많이 들어와 있지만 멀리 떨어진 시골의 시장은 그렇지 않다. 구멍가게 같은 상점 20여 개. 그중 신발을 파는 가게는 두세 개 정도다. 그곳의 가게들을 모두 털다시피 하여 140켤레 정도의 신발을 사서 동굴 마을로 갔다.

아이들에게 신발이 담긴 자루를 열어 맘껏 나누어 주고 싶었지만 이것은 그리 바람직한 전달 방법이 아니다. 전에 왔을 때 만났던 동네 어른들을 찾아갔다. 가져온 신발을 그분들께 맡겼다. 가장 힘들고 어려운 아이들부터 나누어 주라고 부탁하고, 이것은 미국에 사는 친구들이 보내 준 것이라고 꼭 얘기해 달라고 했다. 어른들은 신발 자루를 둘러메고 마을 한가운데로 갔다.

나는 멀찍이 서서 아이들이 우르르 모여드는 광경을 지켜봤다. 서로 앞줄에 서려고 밀기도 하고 싸우기도 하는 모습이 귀엽기만 했다. 어떤 아이는 신발을 받자마자 집으로 쏜살같이 뛰어간다. 신발을 신고 가라고 소리를 질러도 아랑곳없다. 어른들도 몰려나와 '신발 나누기' 행사에 끼어들기 시작했다. 온 동네가 축제를 하듯이 오랜만에 시끌벅적해졌다. 나는 동네 사람들이 신발을 받고 다 들어갈 때까지 그곳에 서 있었다.

한참이 지나 동굴 마을은 다시 일상으로 돌아갔고 아이들의 떠드는 소리만 간간이 들려 올 뿐이었다. 그때 어디서 왔는지 한 아이가 아장아장 내게로 걸어왔다. 아이는 금방 받은 것 같은 빨간색 운동화를 신고 있었다. 제대로 걷지도 못하는 아이인데 나를 어떻게 발견하고 왔는지……. 아마도 아이 엄마가 나를 보고 보낸 것 같았다.

"안녕?"

사탕이라도 줘야 한다는 생각에 습관적으로 주머니를 뒤졌다.

"슈크란(감사합니다)!"

머뭇머뭇하더니 내 얼굴을 제대로 쳐다보지도 못하고 이 한마디를 하고는 돌아섰다. 주머니를 뒤지던 내 손이 멈칫했다. 뭔가를 들킨 사람마냥 아무 말도 할 수 없었다.

'아이야, 너도 나와 똑같은 마음을 가진 사람이구나. 구호가 필요한 번호표가 아니라…….'

감사할 줄도 기뻐할 줄도 아는 나와 똑같은 사람들. 그리고 나와 똑같이 사랑받기 위해 태어난 사람들, 우린 그 사람들과 함께 살고 있다.

'아이야, 너도 나와 똑같은 마음을 가진 사람이구나.
구호가 필요한 번호표가 아니라…….'

남편의 가슴에 묻힌 사람들

아프가니스탄 주요 지역을 다 둘러보았다. 어디를 가나 성한 곳이 하나도 없다. 사람이 살 만한 곳으로 재건하는 데 얼마나 오랜 시간이 걸릴지, 또 돈은 얼마나 필요할지 상상이 되지 않는다. 전 세계가 달라붙어 돕는다 해도 인간답게 살 수 있는 나라로 재건하는 일은 쉽지 않아 보인다. 선교라고 다르랴! 이슬람 외의 종교 활동은 사형에 해당하는 죄인 이 나라에서 선교를 어디서 어떻게 시작해야 할지 도저히 감이 잡히지 않았다. 국제 본부에 있는 선교 책임자를 중심으로 아프가니스탄 대책 회의를 긴급 요청했다.

개척 선교팀의 책임자들이 모두 모였다. 우리 팀의 대장이면서 필리핀 선교사 출신인 폴, 중동 선교사로 15년 동안 사역하고 돌아온 토마스, 잘나가는 은행 고위 간부였다가 선교사로 헌신한 존과 엘리자베스,

아프리카에서 20년간 선교사로 섬기다 돌아온 필립과 에스더 부부, 우즈베키스탄 선교사로 갔다가 추방당한 린다, 그리고 내가 참석했다. 내가 서두를 꺼냈다.

"아프가니스탄은 긴급하게 도움이 필요합니다. 구호 활동도 현지인 지도자를 세워 장기적으로 뿌리를 내리게 해야 합니다. 이것은 개척팀의 힘으로만 감당할 수 있는 일이 아닙니다. 총체적인 지원이 있어야 합니다. 한국 교회가 지금 헌신적으로 아프가니스탄을 돕고 있지만 역부족입니다. 미국 교회가 대대적으로 지원할 수 있도록 도와주십시오. 재정뿐만 아니라 전문 인력들이 많이 필요합니다."

사실 미국은 아프가니스탄의 재건을 위해 많은 부분을 지원하고 있었다. 정부뿐 아니라 미국 교회도 재정의 큰 부분을 감당하고 있음을 잘 알고 있었다. 하지만 국가 재건 같은 큰 프로젝트 재정만이 아니라 주민들의 실생활과 직접 연관된 예산도 필요했고, 장기적인 자립 프로그램을 만들기 위해 전문 인력이 더 많이 필요했다. 미국 교회가 인력을 총력 지원한다면 광범위한 사역이 가능할 거라고 생각했다.

"그 필요를 누구보다 잘 압니다. 그 사실을 미국 단체와 교회에 전하기도 했고요. 그런데 안전에 대한 문제가 가장 큽니다. 그것이 인력을 동원하는 우리의 고민이지요."

"우리의 생명을 주관하시는 분은 하나님입니다. 알카에다 세력이나 탈레반이 우리의 생명을 좌지우지한다고 생각한다면 그것은 하나님께 대한 모독입니다. 하나님은 그렇게 연약한 분이 아니지 않습니까? 하나님께서 데려가기로 작정한 사람은 미국 한복판에 있든지 아프가니스탄에 있든지 데려가는 것입니다."

"그 말이 맞지요. 나도 믿고 있습니다. 그러나 우리가 믿는 것처럼 사람들도 믿어야 하는데 그렇지 못한 것이 현실 아닙니까? 목회자들은 성도가 다른 나라에 가서 사고를 당하지나 않을지 걱정하게 마련입니다. 그 문제는 신앙의 문제가 아니라 법적인 문제가 될 수 있기 때문입니다."

예수께서 말씀하신 대로 '비둘기처럼 순결하고 뱀처럼 지혜롭게' 선교하는 것은 우리 단체의 중요한 선교 전략이다. 통계를 비롯한 정보에 근거하여 계획을 세우고 결정을 내리면 밀고 나가는, 즉 지혜와 믿음을 균형 있게 적용하는 선교.

줄다리기 같은 대화가 계속 이어졌다. 누구의 말도 틀린 것이 없었다. 그때 듣고만 있던 린다가 나섰다.

"제가 가겠습니다. 저희 교회를 설득해 이 프로젝트를 지원하도록 해보겠습니다. 그리고 제가 그 프로젝트를 맡아 주도하겠습니다."

모두가 놀라 린다의 말을 듣고 있었다.

"알다시피 제 남편은 우즈베키스탄에서 추방되고 나서 아프가니스탄을 도왔습니다. 탈레반 정권의 살벌한 상황 속에서도 국경을 넘나들며 복음을 전했죠. 집에 돌아오면 남편은 늘 이런 말을 했습니다. 죽기 전에 그 땅에 훌륭한 제자들을 남기고 싶다고. 하지만 남편은 사고로 죽었습니다. 제가 남편의 뒤를 이어 그 일을 하겠습니다. 죽기 전에 그 땅에 신실한 제자를 세우도록 돕겠습니다."

"남편은 이 사람들을 가슴에 묻고 갔어요. 이제 내 가슴에 이 사람들을 묻고 싶어요."

린다의 눈가에 눈물이 고였다. 모두가 숙연해졌다. 누구도 린다의 말에 토를 달지 않았다. 내가 일어섰다. 그리고 박수를 쳤다. 옆에 있던 토마스도 따라 일어나 박수를 쳤다. 테이블을 빙 둘러 앉아있던 우리는 마치 도미노처럼 한 명씩 한 명씩 일어나 린다에게 박수를 보냈다.

4개월 후, 린다가 캘리포니아 교회팀을 이끌고 아프가니스탄에 들어왔다. 도착하는 날 공항에 마중을 나갔다. 허름한 공항 터미널 앞에서 기다리고 있는데 린다가 자기 몸집만 한 배낭을 메고 제일 먼저 나왔다.

"괜찮으세요?"

"네. 드디어 왔네요. 남편이 그렇게 사랑하던 나라…… 나는 두 아이 키우느라 영원히 못 올 줄 알았는데 이렇게 왔네요. 고마워요. 올 수 있게 해줘서."

"……."

"사실 남편이 밟은 땅을 한번 가보고 싶었어요. 남편 장례식 때 쓴 사진이 뭔지 알아요? 아프가니스탄에서 찍은 사진이예요. 남편은 이 사람들을 가슴에 묻고 갔어요. 이제 내 가슴에 이 사람들을 묻고 싶어요."

린다의 눈시울이 다시 붉어졌다. 사랑은 이렇게 위대하다. 누구 한 사람 알아주지 않아도 이들은 가장 위대한 사랑을 가진 사람들이다. 남편은 이곳에 사랑을 묻고 떠났다. 그리고 뒤를 이어 아내가 그 사랑을 가슴에 안고 지옥 같은 이곳으로 다시 들어왔다.

먼지가 자욱하게 휘날리는 공항을 나오며 나는 생각했다. 죽음보다 강한 사랑으로 찾아주는 사람들이 있는 한, 이 민족은 행복하다고…….

주님이 가신 외길

쌀랑패스가 눈 때문에 막혔다. 임시로 빌린 승합차를 운전하는 무함마드는 사정을 알아본다며 30분째 돌아다니고 있다. 산자락을 감아 쭉 늘어선 차들 중에는 상황 파악을 했다는 듯 유턴하여 떠나는 차들도 많았다. 이 지역에 친숙한 사람이라면 한번 막히면 쉽게 뚫리기 어려운 길임을 잘 안다. 물론 나도 그랬다. 그러나 돌아갈 결정을 쉽게 못하는 이유는 미련 때문이다. 혹시 오늘은 다를지도 모른다는 막연한 미련.

4천 미터 높이의 산 정상을 관통하여 만든 쌀랑패스는 소련군이 이 지역을 점령할 때 만든 터널이다. 남부와 북부 지방을 분리하는 산맥이 아프가니스탄 중앙을 가로지르는데, 이 터널이 양쪽을 잇는 거의 유일한 통로였다. 그러다보니 전쟁 중에는 후퇴하는 세력마다 가장 먼저 폭파하는 목표물이 되었다. 한국전쟁 때 한강 다리를 폭파하여 북한군의 남침을 막으려던 것과 같은 이치다. 폭파되었다가 복구되기가 몇 번이나 반복되다 보니 터널로서 구실을 제대로 못하고 있었다. 2킬로미터나 되는 터널의 중간에는 깊은 웅덩이가 패여 있었고, 벽은 허물어져 금방 무너질 것처럼 보였다. 그렇다고 다른 길로 돌아갈 수도 없었다. 중부 내륙으로 내려갔다가 다시 산길을 타고 굽이굽이 넘어가야 하는 우회 도로는 멀기도 했지만 겨울에는 위험해서 웬만해서는 잘 가지 않는 길이다. 두 시간 넘게 차 안에서 기다리고 있는데 무함마드가 걸어 내려왔다.

"꼭대기에서 돌아오는 운전사를 만났는데, 오늘 중에는 길이 안 열린답니다. 내일 다시 와 봐야겠습니다."

너무나 태연한 무함마드. 속 타는 건 우리뿐이었다. 두 차에는 미국과 캐나다에서 온 목회자들과 6개월 동안 이곳에서 우리 사역을 돕기로 한 자원봉사자 네 명이 있었다. 이들에게 우리가 우선적으로 도와야 할 마을을 보여 주고 비전을 심어 주려 계획한 여행이었다. 그런데 비전은커녕 불평만 심어 주게 되었으니 난감하기만 했다. 기도하는 수밖에 없었다. 분명 그분이 원하시는 게 있을 것이다.

잠시 묵상하고 있는데 바미얀이 생각났다. 하자라 민족이 살고 있는 지역. 하자라 민족은 칭기즈 칸이 이 지역을 침략했을 때 남겨 놓은 후손들이어서 우리와 외모가 비슷하다. 많은 사람들이 하자라 민족을 위해 기도하고 있지만 한국 사람 중에 아직 그 지역에 들어가 본 사람은 없다. 그래서 궁금하기도 했고 어떤 도움을 주어야 할지 직접 보고 싶기도 했다. 이전에도 이런 생각이 있었지만 때가 아니라고 생각했다. 다른 지역에서 해야 할 일이 너무 많았다. 우리가 가진 자원이나 인력이 충분하다면 여기저기 모든 곳을 다 감당할 수 있겠지만 그럴 형편도 아니었다. 그래서 지리적으로 험한 곳에 있는 하자라 민족은 우선순위에서 밀릴 수밖에 없었다.

꽉 막힌 쌀랑패스 앞에서 불현듯 그분은 나와 다른 계획을 갖고 계실지 모른다는 생각이 들었다.

"바미얀으로 갑시다!"

얼굴을 돌리지 않고 무함마드에게 말했다. 깜짝 놀라는 것이 느껴졌다. 그는 손사래를 쳤다.

"못 갑니다! 거기 가면 무슨 일이 생길지 몰라요. 그 민족과 우리 타직 민족은 원수였습니다."

아무 반응도 보이지 않고 앞좌석에 앉아 정면만 바라보고 있었더니 내 결심이 얼마나 단호한지 눈치 챈 것 같았다. 무함마드도 창밖을 보며 아무 말이 없었다.

잠시 후, 긴 한숨을 내쉬며 시동을 걸었다. 그러고는 창문을 내리고 뒤차를 향해 소리쳤다.

"따라와!"

우리는 그렇게 미지의 땅으로 들어가게 되었다. 운 나쁘게 그곳으로 간 것이 아니었다. 미리 계획해서 간 것도 아니었다. 그런데 바로 그날이 아프가니스탄 선교의 새 장을 여는 역사적인 날이 되었다. 이미 주님의 계획표에 있던 사건이었음도 오래지 않아 알게 되었다.

바미얀은 생각보다 멀었다. 거의 열 시간이나 걸려 작은 마을에 도착했다. 해는 벌써 산을 넘어가기 시작하여 높은 산자락의 구릉들은 어둑어둑해졌다. 더 이상 운전하기에는 위험했다. 이곳에서 머물다 가는 수밖에 없었다. 무함마드도 긴장한 듯 보였다.

"무함마드, 오늘 밤은 앞에 보이는 마을에서 자면 어때요?"

최대한 정중하게 요청했다.

"여기가 바미얀이오."

무함마드의 말이 떨어지기가 무섭게 흙먼지 길 위에 나뭇가지로 엮어 만든 바리케이드가 나타났다. 그 옆에 초소로 쓰는 허름한 천막이 보이고, 다연발 총으로 중무장한 군인들이 경계를 서고 있었다. 초소에서 책임자인 듯 보이는 나이가 지긋한 군인이 우리를 향해 걸어 왔다. 무함마드는 태연하려 애를 썼지만 긴장하는 것을 숨기지 못했다. 누구냐, 어디 가느냐, 왜 가느냐고 묻는 것 같았다. 무함마드는 허가증을 보이며 눈으로 길이 막혀 돌아가는 길이라고 대답하는 것 같았다. 무장한 군인은 차 안에 쪼그리고 앉은 우리 일행을 휘익 둘러보더니 하얀 이가 드러나게 웃으며 말했다.

"웰컴 투 바미얀!"

그렇게 기도 속에만 있던 바미얀에 들어갔다. 명색이 주정부 수도이고 하자라 민족의 센터와도 같은 곳인데 바미얀은 너무나 빈약해 보였다. 불과 30여 채의 가구만이 옹기종기 모여 있는 것이 전부였다. 그것도 다 허물어져 가는 흙벽돌집들.

"여기 외국인이 잘 수 있는 숙소 같은 거 있어요?"

무함마드는 나를 보지도 않고 고개를 내둘렀다.

"현지인들이 묵는 데는 있겠지요?"

그는 다시 고개를 저으며 짜증스런 표정을 지었다.

"그럼, 혹시 이곳에 아는 사람은 없어요?"

대답하는 대신 문을 꽝 닫고 나가 버렸다. 원수인 하자라 민족 마을에서 무함마드가 알 사람이 있을 리 만무했다. 뒤차 운전사에게 가서 손짓을 하며 뭔가 열심히 말하더니 잠시 후 돌아와 내게 아무 말도 하지 않고 다시 차를 몰아 어디론가 달리기 시작했다.

무함마드는 파란색 대문 앞에 차를 세웠다. 대문에는 흰 페인트로 UN이라고 크게 씌어 있었다. 이 마을에는 외국인이 잘 수 있는 곳이 없었다. 외국인이 올 일도 없을 테니까. 그나마 외국인이라면 국제 단체 직원 정도일 뿐이고, 그런 사람들은 대부분 이런 곳에 머문다고 생각한 모양이다.

외길밖에 없을 때는 밀고 나가는 것만이 길이다. 초인종을 눌렀다. 잠시 후 인도계로 보이는 젊은 직원이 나왔다. 갈 곳이 없으니 하룻밤만 묵게 해 달라고 사정을 설명했다.

"죄송합니다. 저희 사무실에는 숙소가 없습니다. 몇 개 있는 방들은 상주 직원들만 사용하고 있습니다."

태도가 무례하지는 않았지만 원망스러웠다.

"혹시 UN 해비타트에는 가보셨나요? 그곳에는 숙소가 많이 있거든요. 제가 무전을 해 놓을 테니까 한번 가 보시지요."

여부가 있겠나. 감사를 표하고 직원이 알려준 또 다른 UN 사무실로 차를 몰았다.

동네와 조금 떨어진 곳에 위치한 UN 해비타트 사무실은 마치 큰 흙더미를 쌓아 올린 것 같은 모양이었다. 당나귀가 끄는 마차 하나 다닐까 말까 한 좁은 길을 돌아 들어가니 지배인이 무전을 받고 우리를 기다리고 있었다.

"당신들은 행운이네요. 한 달 동안의 모임을 끝내고 모든 직원들이 오늘 아침에 떠났거든요. 그래서 방이 마침 비어 있습니다."

탄성이 솟구쳐 올라왔다. 차 안에 갇혀 하루 종일 고생하는 사람들에게 이 기쁜 소식을 전하려고 얼른 달려갔다. 문을 여니 모두 기도하고 있었다. 만약 이곳에도 숙소가 없다면 우리는 갈 곳이 없었다. 춥고 낯선 이 마을에서 무슨 일을 당할지 두렵기도 했다. 그렇다고 한밤중에 다시 운전을 해서 어디로 갈 수도 없었다. 아직 전쟁이 완전히 끝난 상태가 아니어서 산길을 가다 게릴라라도 만날 지 모를 일이었다. 그런 사정을 눈치로 짐작한 일행도 절박했을 것이다.

"오늘 밤은 이곳에서 묵겠습니다."

이 말이 떨어지기가 무섭게 차 안은 온통 환호성으로 가득 찼다. 시설이 어떤지, 먹을 것이 있는지 따지는 것은 사치였다. 잠자리 하나 해결된 것으로도 감사할 조건은 충분했으니까.

외국인이 머무는 곳이어서 그런지 시설은 그런대로 잘 되어 있었다. 식사를 마친 일행은 장작불 앞으로 모여들었다. 흙으로 지은 벽이며, 다듬지 않은 나무를 걸쳐 만든 지붕이며, 가마니처럼 만든 바닥에 장작불까지 있으니 우리는 아프가니스탄이 아니라 한국의 어느 시골에 수학여행을 와 있는 느낌이었다.

이야기가 봇물 터지듯 쏟아지기 시작했다.

"선교사님, 여기가 도시 맞습니까? 지도에 글씨가 크게 써 있다고 다 도시가 아니네요. 이건 어느 시골보다도 못하잖아요. 나는 웬만한 숙소는 있을 줄 알았어요."

모두가 고개를 끄덕이며 웃어댔다.

"아니, 이 정도면 최상급 아닙니까?"

"아이고, 전 여기까지 오는데 반쯤 죽다 살아난 거 아닙니까. 심장 약한 사람이었으면 벌써 천국에 가 있었을 겁니다. 선교사님은 얼굴 하나 변하지 않고 밀어붙이시던데 대체 뭘 믿고 그러시는 겁니까?"

"내게 엄청난 빽이 있다는 거 모르셨어요?"

"박 선교사님이 어떻게 개척 선교를 하는지 오늘 눈으로 똑똑히 봤습니다. 나는 절대로 안 할랍니다. 교회에 와서 말씀 전하실 때는 그렇게 재밌더니만 아무나 하는 게 아니네요. 나 같은 사람이 이런 일 하다가는 수명을 반도 못 채우고 주님 만날 겁니다."

"나만 이렇게 고생고생 하다가 죽으라는 법 있습니까? 난 끝까지 목사님들 바짓가랑이 끌고 갈 겁니다. 혼자는 절대 못 가지요."

여기저기서 껄껄 웃는 소리, 야유하는 소리, 박수치는 소리…… 밤새도록 뜨거운 열기가 넘쳐흘렀다. 이곳에 오기 전 계획했던 것들은 자연스레 포기할 수밖에 없었다. 순간순간 주님의 인도하심에 민감하겠다고 또다시 마음을 바로잡았다.

바미얀에 머무는 동안 얼마나 많은 사람들이 우리의 관심 밖에서 힘들게 살아가는지 적나라하게 볼 수 있었다. 이 사람들을 다른 어느 곳보다 최우선적으로 도와야겠다는 책임 의식이 생겼다. 이런 책임감은 한국인이기에 더 크게 느껴졌다. 이 나라를 오고 간 많은 정치 지도자들은 하나같이 전쟁을 일으키고 학살을 자행했다. 그래서 이 험한 오지까지 그들을 돕기 위해 들어오는 서양인들도 신뢰하지 않았다. 그런데 우리는 달랐다. 우선 생김새부터 비슷하다. 한국 사람보다 더 한국 사람같이 보이는 현지인도 있다. 편한 생활에 익숙한 서양인과 달리 어릴 적 시골에서 살던 우리와 흡사한 면도 있다. 그렇게 우리와 닮은 사람들이 이 민족이다.

이 사람들을 만나게 하시려고 그 먼 길을 돌아오게 하신 걸까? 우리 한국 그리스도인들이 돕지 않으면 안 된다는 것을 보여 주기 위한 그분의 계획하심이었을까? 그리하여 한겨울에 생각지도 못한 이 길로 인도하신 걸까?

앞을 짐작할 수 없었던 막힌 외길 앞에서 그분의 간섭과 인도하심은 이렇게 또렷했다.

사랑을 아는 사람은 어디에 있나요?

리꼬를 처음 만난 곳은 아프가니스탄 한복판의 산기슭이다. 이 지역에서 가장 유명하다는 호수로 소풍을 가는 길에 낡은 차의 바퀴 축이 부러져 꼼짝도 못하게 되었다. 운전사는 제 손으로 고쳐 보겠다고 차체를 분해하는 등 애를 써 봤지만 내가 보기에는 쉽게 고쳐질 것 같지 않았다. 난감했다. 호수로 가는 길은 인적도 없고 인가도 없는, 그야말로 산속이면서 광야였다. 걸어서 도움을 청하러 가기에도 너무 멀리 와 있었다. 태양은 금방이라도 우리를 튀겨낼 것처럼 내리쬐고, 간간이 불어오는 바람은 먼지만 날아올 뿐 흘러내리는 땀을 식히기에는 전혀 도움이 되지 않았다.

한나절을 그렇게 보냈다. 화도 나고 현지인 운전사가 원망스럽기도 했다. 그러나 가만히 앉아 있는 우리도 죽을 지경인데 차 밑에 들어가

낑낑대며 고쳐 보겠다고 애쓰는 모습이 안쓰러워 불평도 할 수 없었다. 기도하며 구원의 손길이 와 주기만을 기다릴 뿐.

그때 풀도 없는 산 너머로 뿌연 먼지를 휘날리며 구호 단체 지프차가 달려오는 게 보였다. 길옆에 서서 차를 세우라고 손짓을 했다. 외국인이라는 것을 알아보고 우리 앞에 차를 세웠다. 현지인 운전사가 차에서 내려 무슨 일이냐며 영어로 물었다. 그러고는 바로 우리 운전사와 다리어로 한동안 얘기를 나누었다.

두 사람의 대화가 길어지자 지프차의 뒷좌석에 타고 있던 직원들이 하나 둘 내리기 시작했다. 그중의 한 명이 리꼬였다. 한눈에 일본인임을 알 수 있었다. 여기서 일한 지 한참되었는지 이곳에 잘 적응된 것 같았다. 차에서 내리더니 무슨 일이냐고 묻지도 않고 자기 차에 타라고 했다. 상황이 쉽게 해결될 것 같지 않음을 직감으로 아는 듯했다. 자기들은 산 너머 마을에 질병 상황을 파악하러 가는 길인데 이곳에 있는 것보다 같이 가는 것이 안전할 거라고 했다.

마음은 고맙지만 그럴 수가 없었다. 현지인들만 두고 가는 것이 마음에 내키지 않아 차가 고쳐지면 숙소로 바로 돌아가겠다고 정중하게 거절했다. 지프차는 하얀 먼지를 휘날리며 멀리 사라져 갔다. 왠지 후회스러웠지만 지프차의 먼지처럼 금세 아쉬움을 날려 버렸다.

고장 난 차는 우리 운전사의 눈물어린 수고에도 불구하고 고쳐질 가능성이 전혀 없어 보였다. 지프차가 떠나고 나서 다섯 시간이 지나도록 우리는 꼼짝없이 차가 고쳐지길 기다려야만 했다. 나무 한 그루 자라지 않는 곳이니 뜨거운 태양을 피할 곳도 없었다. 그늘이라고 찾은 것은 고장 난 차가 만들어 낸 도화지만 한 크기의 그늘이 전부였다. 우리는 그 그늘에 참새처럼 조르르 앉아 있다가, 지루하면 찜통 같은 차 안으로 들어갔다가를 반복하며 오후 나절을 보냈다. 석양이 질 무렵까지 그렇게 시간을 보낼 수밖에 없었다.

그때였다. 먼지를 휘날리며 흰색 지프차가 다가오는 것이 보였다. 일본인 NGO 직원이 탄 그 지프차였다. 지프차가 멈추고 운전사와 일본인 직원, 그리고 동승한 현지인들이 모두 내렸다. 운전사는 고장 난 우리 차를 휙 한번 둘러보고는 이내 자기 차로 가 버렸다. 있어 봐야 도움될 게 없다는 의미였다. 다른 사람들도 하나씩 지프차로 돌아갔다. 여기서 이렇게 밤을 새울 수는 없었다. 그들의 도움이 어쩌면 마지막일지 모른다는 생각에 용기를 냈다.

"혹시, 가는 길에 가까운 도시까지만 태워다 줄 수 있겠습니까?"

이전에 나에게 같이 가자고 제안했던 일본인 직원이 고개를 끄덕였다. 길바닥에 주저앉아 있던 일행에게 차에 타라고 손짓했다. 네 사람만 따라 일어났다. 현지인들은 모두 남겠다고 했다. 고장 난 자동차라 해도 인적 없는 곳에 세워두면 누군가 와서 다 뜯어간다는 것이다. 미안하기는 했지만 별 도리가 없었다. 도시로 가서 도움을 청하는 것이 가장 빠른 해결책이었다.

좁은 차 안에 우리 일행이 끼어 들어가자 현지인 한 명이 미안하게도 짐칸으로 자리를 옮겼다. 옆에 앉은 일본인에게 정식으로 다시 인사를 건넸다. 그제야 그녀도 정식으로 소개를 했다. 이름은 리꼬이고 일본 구호 단체 소속 의사인데 아프가니스탄에는 3년 전에 왔다고 했다. 원래 의료 지원이 첫 번째 임무지만 이 지역에 의료보다 더 급한 것이 많아 지금은 다양한 구호 활동을 한다고 했다.

성능 좋은 일제 지프차로 두 시간 남짓 달려 이 지역 중심 도시에 도착했다. 리꼬는 몇 가지 서류를 직원에게 건네고는 우리 일행을 넓은 방으로 안내했다.

그날 저녁, 차를 마시며 리꼬의 파란만장한 인생 이야기를 들었다. 도쿄의 일류 대학에서 정치학을 공부하다 우연히 소외된 사람들을 만나면서 인생의 방향을 고민하기 시작했다고 했다. 정치보다 의료가 사람들에게 더 도움을 줄 수 있을 것이라 생각하고 과감히 의사의 길로 진로를 바꾸었다. 인턴과 레지던트를 모두 마칠 무렵, 주변 사람들의 반대를 뿌리치고 전쟁터를 방불케 했던 아프가니스탄에 자원하여 오게 되었다는 것이다. 이 나라에서 가장 열악한 산악 지역을 다니며 남자도 하기 힘든 구호 활동을 하던 지난 3년간의 이야기를 들으며 우리는 밤이 깊어 가는 줄도 몰랐다.

리꼬의 도움으로 고장 난 차는 수리했고, 우리는 무사히 집으로 돌아왔다. 그날부터 리꼬를 위해 기도하기 시작했다. 아프가니스탄에서 누구도 흉내 낼 수 없는 헌신적인 사랑을 베푸는 리꼬에게 꼭 전하고 싶은 것이 있었다. 영원한 생명이 무엇이고 그것이 어디서 오는지에 대해 리꼬에게 꼭 말해 주고 싶었다. 그녀가 고민하는 인생의 문제는 아무리 파들어 가도 끝나지 않는 땅 속과 같고, 불쌍하고 가난한 사람을 돕는 것 역시 진정한 본질에 닿지 않고는 계속 갈증만 일으킬 뿐이라는 것을 알려 주고 싶었다.

생수의 강은 예수 그리스도에게서만 흘러나오는 것이다. 세상에서 누리는 자유도, 평안도 그분이 주시는 것과 같지 않다. 우리가 아프가니스탄에 와서 이렇게 몸부림치는 것도 그들의 배고픔만을 채워 주기 위한 것이 아니다. 아무리 노력해도 세상에서는 찾을 수 없는 길을 알려 주기 위해 목숨을 거는 것이다.

리꼬가 일하는 곳으로 몇 차례 찾아갔지만 번번이 길이 엇갈리는 바람에 그녀를 만날 수 없었다. 그렇게 서너 달이 지났을 때였다. 카불의 한 식당에 손님을 모시고 갔다가 우연히 리꼬를 만났다. 우리는 학교 동창을 만난 것처럼 반가워 했다. 리꼬는 본부에 내려와 잠시 쉬는 중이고 곧 일본으로 돌아갈 예정이라고 했다. 일본에 갔다가 다시 돌아오려고 하지만 가족들의 반대가 심해 그 불부터 끄고 와야 한다며 웃었다. 나는 그동안 기도하며 준비했던 복음을 전했다. 잘나가던 우리 집이 망했을 때 느낀 절망으로 자살까지 생각했던 이야기, 그리고 그 시절 친구가 전해 준 예수가 내 인생을 어떻게 바꾸었는지를 말했다. 네 가지 영적 원리를 식당 냅킨에 그려가며 설명도 했다. 그녀의 눈빛은 진지했다. 드러내어 복음을 전하고 듣는 것이 위험한 지역인데다 주변 사람들의 시선도 신경 쓰였을 텐데 그녀는 아랑곳하지 않고 내 말에 집중했다.

"한 가지 궁금한 것이 있어요."

내 설명이 거의 마무리될 쯤에야 그녀는 반응을 보였다.

"나는 이곳에서 죽는 것도 겁내지 않고 이 나라 사람들을 도왔어요. 지뢰가 깔린 마을도, 전염병이 돌고 있는 마을도 아무 거리낌 없이 다녔어요. 내가 활동하는 지역은 당신이 알다시피 인간답게 살 수 있는 환경이 아닙니다. 일본에서는 강아지도 이렇게 살지 않아요. 그러나 나는 그런 환경도 개의치 않았어요. 왠지 아세요? 이 사람들이 너무 불쌍해서 그랬어요. 이렇게 어려운 사람들을 보는 것만으로도 마음이 아파서 견딜 수 없었어요. 내가 할 수 있는 최선의 봉사와 구호를 하는 것이 인간의 도리라고 생각했어요. 그런데 나보다 더 큰 사랑을 가졌다고 말하는 당신 같은 사람들은 어디에 있나요? 이 세상 전부를 사랑하시는 하나님을 믿는다는 사람들은 지금 어디에 있습니까? 그 신을 믿으면 영원히 살 수 있다고 하면서, 어떻게 이 지옥 같은 곳에 살고 있는 사람들을 도울 생각은 안 하는 거죠? 완전한 사랑으로 사랑하시는 분이라고요? 그런 사랑이 어떤 것인지 이곳에 와서 왜 보여 주지 못하는 건가요? 죽는 것을 겁내나요?"

그녀는 예의를 갖추려고 애썼지만 격앙된 감정을 숨기지 못했다. 말만 하고 행동하지 않는 사람들을 '상식적으로 이해할 수 없는 사람들'이라고 했다. 그녀는 복음에 반항하는 것이 아니었다. 신을 믿는 사람들에 대한 큰 실망으로 그 신을 믿지 못하겠다는 것이다.

그때 동료인 듯한 사람이 식당으로 들어와 리꼬를 불렀다. 리꼬는 자리에서 일어설 수밖에 없었다. 미안했는지 식당을 나가려다가 돌아와서는 한마디를 던졌다.

"그런데, 당신은 좀 다른 것 같네요."

이 말이 날 위로해 주기는커녕 오히려 더 부끄럽게 했다. 그녀의 말이 머릿속에서 메아리쳤다.

'여기 있는 사람들은 지옥같이 살아가는데, 천국 간다는 당신 같은 사람들은 어디에 있습니까? 나는 죽어 지옥에 간다고 해도 위험을 무릅쓰고 이들을 도우려 애를 쓰는데, 영원한 생명을 가졌다고 하는 사람들은 왜 이런 곳에 오지 않는 거죠? 이런 곳에서 죽는 것이 두려운가요? 이런 곳에서 죽으면 천국을 못 가요? 나 같은 사람은 작은 동정심만으로도 이 험한 곳에서 목숨을 거는데, 열방을 향해 사랑을 가졌다는 이들은 어디서 무얼 하나요? 완전한 사랑으로 세계를 책임진다는 사람들은 어디서 무엇을 책임지고 있는 건가요?'

이란에서 배낭여행 하던 젊은이가 반박하듯 내뱉던 말, 전도하러 방문했던 미국의 한 가정에서 밤 늦도록 따져 묻던 질문들, 비행기 옆 좌석에 앉은 한국 사람에게 복음을 전하다가 몇 시간 동안 들었던 항의들이 한꺼번에 들리는 것 같았다. 세계를 사랑으로 책임지는 사람들은 대체 어디에 있느냐고.

"나보다 더 큰 사랑을 가졌다고 말하는 당신 같은 사람들은 어디에 있나요?
이 세상 전부를 사랑하시는 하나님을 믿는다는 사람들은 지금 어디에 있습니까?"

가족을 살리기 위해 아이를 파는 부모들

　영국의 한 방송사에서 '아프가니스탄 부모들은 생존을 위해 아이를 판다'라는 제목의 TV 프로그램을 방송했다는 소식을 들었다. 방송사 홈페이지에 들어갔더니 벌써 동영상이 올라와 있었다. 10분가량 되는 이 방송은 아프가니스탄 북부 도시인 마자르 샤리프 인근의 난민촌에서 일어나는 인신 매매 현장을 포착한 것이었다.

　카메라는 흙으로 지은 난민촌 전경을 비추더니 마을로 들어오는 붉은색 일제 차를 클로즈업했다. 차가 멈춘 곳은 어느 집 앞마당. 차에서 내린 사람은 가죽점퍼를 입고 스카프를 두른 뚱뚱한 여인이었다. 한눈에 보기에도 부유층에 속해 보인다. 기자는 이 여인이 아이를 사서 다른 사람에게 되파는 상인이라고 소개했다. 가죽점퍼 여인은 차에서 내려 양지에 쪼그리고 앉은 네 명의 아이들에게 다가갔다. 세 명은 여자아이,

한 명은 남자아이다. 그 옆에는 수염을 길게 기르고 지친 기색이 역력한 아버지인 듯한 노인이 앉아 있고 뒤에는 얼굴과 몸 전체를 가린 어머니인 듯한 여인이 앉아 있었다. 가죽점퍼 여인은 아버지와 간단한 인사말을 나누더니 남자아이의 손목을 잡아 일으켰다. 그리고 주머니에서 돈뭉치를 꺼내 아버지에게 넘겨주었다. 이미 흥정은 다 끝난 모양이었고, 돈과 아이를 교환하는 일만 남은 것 같았다. 그녀가 넘겨준 돈은 1천5백 달러라고 기자는 설명했다.

가죽점퍼 여인은 "작별 인사 하거라."며 아이의 등을 밀었다. 아이는 아버지에게 먼저 안겼다. 아이는 울음소리도 제대로 내지 못했다. 아버지가 대신 울었다. 아이도 참았던 눈물을 주르륵 흘리며 아버지를 끌어안았다. 아버지는 입술을 떨며 아들의 머리에 입을 맞추었다.

아버지에게 키스를 하고 나서 아이는 뒤에 앉아 울고 있는 어머니에게 안겼다. 아들의 마지막 인사를 받는 어머니는 신음 소리를 냈다. 아들의 목에 두른 손에 힘이 가해지는 것이 화면 가득 보였다. 손은 부들부들 떨고 있었다. 아이도 어머니 품에서는 감정을 주체하지 못했다. 어머니에게 안긴 아이는 떨어질 줄 모르고 울기만 했다. 작별 인사가 길어지자 가죽점퍼 여인이 아이를 재촉했다. 어머니 목에서 아이의 손을 풀어내고 끌다시피 차로 데리고 갔다. 아이는 그렇게 팔려 갔다.

취재하는 기자가 담담하게 상황을 설명할 때 옆에서 통역하던 현지인이 여인의 앞을 가로막으며 항의하기 시작했다.

"이건 잘못된 일이오. 어떻게 자식을 사고 팔 수 있단 말이오?"

가죽점퍼 여인은 큰 소리로 말했다.

"그래요. 이건 끔찍한 일이죠. 그러나 이런 일을 하는 데는 두 가지 이유가 있어요. 하나는 이 아이의 미래와 교육을 위한 것이고, 또 하나는 저 가족을 살리기 위한 것이에요. 이제 겨울이 오고 있어요. 지금 돈을 받았기 때문에 저 아이들은 이번 겨울은 굶어 죽지 않고 살아남을 수 있을 거예요."

통역은 할 말이 없었다.

기자가 아버지에게 왜 그렇게 하느냐고 물었다. 아버지는 흐느끼며 대답했다.

"나도 내 심장의 한 부분을 파는 것이 쉽겠어요? 난 나이도 많고 병도 들었어요. 신장에 문제가 있고 언제 죽을지 모르는 상황입니다. 저 아이를 팔지 않으면 나머지 아이들이 죽습니다. 세 아이를 살리기 위해서는 저 아이를 팔아야만 해요."

옆에서 보고 있던 이웃 아저씨가 한마디 했다.

"이 집에서는 벌써 아이를 두 번째 파는 거랍니다."

아이는 가죽점퍼 여인이 타고 온 붉은색 자동차에 실려 마을을 떠났다. 골목을 빠져 나가는 차는 다시 먼지를 하얗게 일으켰다. 신음 섞인 어머니의 울음소리가 기자의 마이크 너머로 희미하게 들려왔다. 아버지의 초췌한 두 뺨으로 눈물이 계속 흘러내렸다.

나는 아무 일도 할 수 없었다. 마치 공포영화를 본 것처럼 몸이 굳어지고 마음이 진정되지 않았다.

몇 년 전 일이 생각났다. 겨울은 다가오는데 중부 산악 지역 사람들은 식량이 없었다. 눈이 내리기 시작하면 산으로 둘러싸인 마을들은 겨우내 고립되어 외부의 도움을 받을 수 없게 된다. 눈이 내리기 전, 겨울을 나는 데 필요한 최소한의 식량과 담요를 나누어 주고 싶었다. 그 일을 위해 미국과 캐나다 주요 도시를 돌며 집회를 했다. 교회도 찾아 다녔고 한인 단체도 방문했다. 독지가가 될 만한 사람들을 만나 그들의 안타까운 처지를 설명하고 도움을 청했다. 여러 교회가 협조해 주었지만 생각만큼 많은 사람들이 돕지는 않았다. 아프가니스탄은 우리에게 너무 멀리 있었다. 결국 그해 겨울에 하려고 했던 긴급 프로젝트는 충분히 할 수가 없었다.

겨울이 다 끝나지도 않는데 외신에서 8백 명이 추위와 기근으로 죽었다고 보도했다. 그때부터 심한 가슴앓이가 시작됐다. 죄책감이 나를 괴롭혔다. 누군가 쫓아와 '너 때문이야!'라고 질책하는 것 같았다. 세월이 흘러 그 기억은 어느 정도 잊혀진 듯했다. 그런데 오늘 그때의 가슴앓이가 되살아났다.

그날 밤 나는 악몽을 꾸었다. 방송에서 본 것과 비슷한 장소에서 누군가와 싸우고 있었다. 그곳에 부르카로 온몸을 가린 한 여인이 앉아서 서글프게 울고 있었다. 그런데 갑자기 여인이 벌떡 일어나더니 부르카를 걷어 올리는 것이다. 순간적으로 '외간 남자에게 얼굴을 보여서는 안 되는데……'라고 걱정하며 얼굴을 보게 되었는데, 순간 난 소스라치게 놀라고 말았다. 그녀는 다름 아닌 내가 돕고 있는 아프가니스탄의 사역자였던 것이다. 그녀의 얼굴은 눈물과 먼지가 범벅이 되어 제대로 알아볼 수도 없었다.

그녀는 엄청나게 큰 손으로 내 바지 자락을 휘어잡았다. 나는 도망가려고 애를 썼다. 그러나 얼마나 힘이 센지 발목은 꼼짝도 하지 않았다. 나는 도망가야 한다고 소리를 질렀다. 그럴수록 그녀는 더욱 억세게 내 바지를 휘어잡으며 이렇게 외치는 것이다.

"내 아들 돌려주세요. 내 아들 돌려주세요……."

소리를 지르다가 잠이 깼다. 악몽, 아니, 서글픈 꿈이었다. 그 꿈을 꾸고 나서 기도하기 시작했다. 누군가 이 민족에게 가야 한다면 내가 가게 해 달라고. 누군가 이 민족을 책임져야 한다면 바로 내가 그 사람이 되게 해 달라고.

똥지게 지는 선교사

"우짜노. 난 몬산다이……."

정 선생은 하염없이 한숨만 쉬었다. 험하고 열악하리라고 생각은 했지만 이 정도일 줄은 상상도 못했던 것이다.

"우짜면 좋노. 난 말이에요, 없다 없다 했어도 이렇게 아무것도 없는 데는 여태껏 처음 본다는 거 아닙니꺼. 우짜면 좋겠습니꺼, 대장님?"

불평이 아니다. 안타까워서, 지금 눈앞에 어른거리는 이 사람들이 안타깝고 슬퍼서 우는 것이다. 그들을 사랑하고 섬길 일이 까마득하고 멀어서 한탄하는 것이다.

정 선생은 한국의 대기업 간부였다. 해외 담당 책임자로 세계를 누비며 한국 제품을 알리고 지사를 지원하는 일을 하던 사람이었다. 그런 그가 은퇴하고 택한 곳은 캐나다. 딸과 여생을 보내겠다고 떠난 이민이었다. 정년 후의 나이에 정 선생은 그곳에서 구두 수선공의 삶을 시작했다. 일하면서 사는 것이 가장 아름답다며 사람들의 낡고 냄새나는 구두를 뜯고 닦는다. 백화점 복도 구석에 한 사람이 겨우 앉을 만한 공간의 작은 구둣방에서 그는 세상 부러울 것 없다고 늘 생각했다.

어느 날, 정 선생은 이웃 교회의 전도 훈련에 참석했다. 수십 년 동안 교회에 출석하며 직분도 받고 존경도 받았지만 전도하는 삶을 알고 나자 인생을 다시 사는 것처럼 눈에 생기가 돌았다. 작은 구둣방에서 구두 고치는 일 말고 하나를 더했다. 천사도 탐을 낸다는 복음 전하는 일.

평범한 회사원이 구둣방을 찾아왔다가 예수를 만났다. 기업의 회장도 구두를 고치러 왔다가 복음을 듣고는 눈물을 뚝뚝 흘렸다. 그 지역 국회의원도 와서 복음을 들었고, 청소부 아저씨도 구둣방에 왔다가 예수를 믿게 되었다. 그렇게 예수를 만난 사람들이 천 명도 넘었다. 캐나다의 한 백화점 복도에서 전도의 불을 활활 태우고 있던 그때, 나는 정 선생의 교회 담임 목사를 중앙아시아에서 만났다. 카자흐스탄에서 열린 대학생 수련회 강사로 와 있을 때였다. 거두절미하고 세계가 버린 것 같은 아프가니스탄을 도와 달라고 부탁했다. 그는 수련회가 끝나기도 전에 국경을 건너 아프가니스탄으로 왔다.

우리는 한여름의 이글거리는 태양을 받으며 사막을 지나 3천 미터가 넘는 산맥을 넘었다. 양철통 같은 일제 중고차는 화상을 입을 정도로 달궈 있어 아무리 물을 몸에 부어도 열기가 식지 않았다. 목사님은 그 지옥 같은 며칠간의 여행을 가슴으로 울며 다녔다. '어떻게 이럴 수가, 어

떻게 이럴 수가……'

목사님은 다시 국경을 넘어 캐나다로 돌아가면서 정 선생에게 전화를 했다.

"정 선생님, 이곳은 호도 같은 나라입니다. 밖에서 보기에는 거칠지만 안에 들어와 보니 사람들의 마음이 얼마나 부드러운지 모르겠어요. 정 선생님이 와 주세요."

전화를 받은 지 꼭 넉 달 만에 정 선생 부부는 이곳으로 이사를 왔다. 그들은 이 지역에서 가장 나이 많은 사역자였다. 대기업 간부였다는 것은 빼고 캐나다에서 구둣방을 하다 왔다는 것만 알려져, 하찮은 일을 하던 늙은이들을 주목하는 사람은 별로 없었다. 그래서 부부는 어디든 자유롭게 다닐 수 있었다.

그들은 다른 사람들이 잘 가지 않는 산악 지역을 돕기로 했다. 아무리 성능 좋다는 차를 타도 열여덟 시간이 넘게 걸리는 험한 길이었다. 길도 제대로 나 있지 않은 만년설 쌓인 산을 넘어가야 하니 그 일 또한 만만치 않았다. 젊은이도 지쳐 앓아눕는 강행군을 이 부부는 마다하지 않고 감행했다.

"이거 보이소. 물이 쓰지 안는교. 누가 이런 물을 먹을 수 있단 말입니꺼?"

부부는 우물 앞에서 또 속이 갈라지고 있었다. 오염된 개울물밖에 마실 물이 없어 마을 사람들이 병에 걸리고 죽는 일이 다반사였다. 부부는 우물을 파기로 했다. 그런데 땅이 오염된 지역이라 아무리 우물을 파도 오염된 물만 나오는 것이다. 돌을 깨고 더 깊이 파내려 가면 마실 수 있는 물이 나온다지만 그것은 중장비로나 할 수 있는 일이지 사람의 손으로는 한계가 있었다.

"아무래도 안 되겠습니더. 기계를 가진 사람을 부릅시더. 어찌 이런 물을 사람들에게 마시라고 할 수 있겠습니꺼?"

부부는 백방으로 사람을 찾았다. 한 마을의 생사가 우물 하나에 달려 있었다. 비용이 예상보다 배나 들었다. 그런 예상 외의 지출이 발생하면 부부의 생활비를 대폭 줄여야 했다. 그럼에도 그들은 마을 사람들의 어려움을 더 챙기고 있었다.

몇 개월 동안의 우여곡절 끝에 마실 만한 물이 나오는 우물이 만들어졌다. 그 사이 이들은 지옥 같은 마을을 수십 번도 더 올라갔다. 아무것도 없는 땅바닥에서 잠을 자고 냄새나는 사람들과 생활하며 우물이 완성되는 날을 위해 애를 썼다. 맑고 단 물이 펌프를 통해 콸콸 쏟아져 나오던 날, 부부는 우물물만큼이나 많은 눈물을 쏟아냈다.

인근 마을에서 전쟁 중 총에 맞아 눈을 다친 아이를 만났다. 아무 기능 못하는 눈알을 빨리 빼내야지 안 그러면 눈 속에서 썩어 더 큰 어려움에 처할지도 모를 상황이었다.

"우짜면 좋노. 이 아이 불쌍해서 우짜노……"

정 선생 부부는 아이를 붙잡고 울었다. 부부는 아이의 부모를 찾아갔다. 혹시라도 수술할 수 있는 여건이 되면 어떻게든 도움을 주고 싶어서였다. 찾아간 아이의 집은 예상했던 대로 먹고살기도 어려웠다. 전쟁 중에 피난 갔다가 얼마 전에 돌아와 정착하려고 발버둥 치고 있지만 아직 끼니도 제대로 잇지 못하는 형편이었다.

"우리, 이 아이 데리고 갑시다. 데리고 가서 어떻게든 해봐야 안 되겠는교? 의사들이 이따금씩 들어온다고 하던데 그런 의사 가운데 이 아이 수술할 의사 하나 없겠는교? 마, 데리고 가서 우리가 어떻게든 해보자니까이."

부부는 아이를 데리고 도시로 내려와 의사를 찾아 다녔다. 눈은 아무나 수술할 수 있는 부위가 아니라서 대부분의 의사들은 도움을 줄 수 없다며 돌아섰다. 그렇다고 이런 나라에 안과 의사가 따로 있을 리도 없었다. 부부는 기도하기 시작했다. 아이에게 소망을 주고 이 민족의 미래를 맡길 수 있도록 은혜를 베풀어 달라고.

그렇게 기도하는데 안과 의사가 왔다는 소식이 들렸다. 수술도 할 수 있는 의사라고 했다. 정 선생 부부는 한걸음에 달려갔다. 아이의 사정을 이야기하고 도움을 청했다. 그는 미국에서 온 선교사였다. 기꺼이 아이를 돕겠다고 했다.

수술 일정이 잡히자 부부는 아이와 마주 앉았다. 그리고 어떻게 하면 의미 있는 삶을 살 수 있는지 설명하기 시작했다. 인생에 소망과 의미를 주시는 분은 오직 예수임을 주지시켰다. 아이는 무릎을 꿇었다.

"선생님들이 믿는 분이라면 저도 믿겠습니다. 그분을 믿으면 저도 선생님들처럼 살 수 있을 것 같습니다. 예수를 믿어 보겠습니다."

아이는 눈 수술을 받기 전 영혼의 수술을 받고 새로운 세계를 볼 수 있는 눈을 뜨게 되었다. 수술은 대성공이었다. 썩어 가는 눈알을 꺼내고 그곳에 인공 눈알을 넣었다. 의사는 신경 상태가 아직 좋다며 기회가 된다면 이식 수술도 가능할 거라고 했다. 그 일도 자기가 힘써 보겠다며 아이를 살리는 후원자로 자원했다.

어느 날, 정 선생 가정에서 주일 예배를 드리면서 미국의 한 전시회에서 본 사진 이야기를 했다. 개화기의 한국 모습을 담은 사진이었는데, 그중에서 흥미로운 사진 한 장을 발견했다. 어느 백인이 지저분한 개울 옆으로 똥지게를 지고 가는 사진이었다. 그는 모시 적삼을 입고 짚신을 신었다. 개울에서 빨래하는 여인들이 놀라지 않는 것으로 보아 오랫동안 그곳에 살았던 것 같다. 똥지게를 진 자세도 너무나 자연스러워 한번 보여 주려고 한 행동은 아닌 듯하다. 그는 이름도, 소속도 알려지지 않은 무명의 선교사.

한국에 들어와 험한 환경에서 더러운 일을 마다하지 않은 선교사들이 있었기에 지금의 우리가 있다고 얘기했다. 정 선생은 그날부터 자신을 '똥지게 지는 선교사'라고 소개하기 시작했다. 안락하고 편안한 고향 집을 떠난 그 선교사처럼 자신도 이곳에서 그렇게 살고 싶다는 것이다.

그들은 그랬다. 신문에 오르내리는 유명한 선교사도, 대단한 일을 한다고 소문난 선교사도 아니다. 그저 시골 장터에서 만날 법한 할아버지, 할머니의 모습이다. 이들은 남들이 다 하듯 구호 단체 직원들만을 위해

그날부터 자신을 '똥지게 지는 선교사'라고 소개하기 시작했다.
안락하고 편안한 고향 집을 떠난 그 선교사처럼 자신도 이곳에서 그렇게 살고 싶다는 것이다.

운행하는 비행기를 타지 않고 항공료를 아껴야 한다며 현지인들이 타는 닭장 같은 버스를 타고 열 시간도 더 걸리는 시골을 찾아다닌다. 아이들에게 줄 알사탕과 아픈 사람에게 줄 진통제를 한 가방 안고 험한 산을 넘는다. 풍토병에 고름이 질질 흐르는 사람도 가리지 않고 씻어 준다. 배가 남산만 하게 부풀어 오르는 병에 걸린 부인을 정성껏 치료하고 기도해 준다. 이들은 이 시대의 '똥지게 지고 가는 선교사'이다. 누구도 지기 싫어하는 똥지게를 기꺼이 지고 가는…….

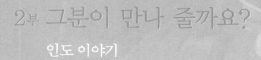

2부 그분이 만나 줄까요?

인도 이야기

인도 현지인 사역자 250명이 개척 선교 훈련을 마치고 미전도종족으로 갈 준비를 마쳤다. 이미 일부는 자비량으로 들어가 사역을 시작했다. 그러나 상당수 사역자들은 재정적인 도움이 없어 사역을 시작하지 못했다. 우리가 눈을 들어 작은 도움이라도 줄 수 있다면 인도의 수백 개 미전도종족 마을을 지금 당장이라도 개척할 수 있다.

오직 하나님만을 위해 우리의 인생을 드리는 것은

복음의 가장 중요한 주제입니다.

거룩한 일꾼으로 사용되기 위해 자신을 희생 제물로 드리는 것은

그리스도인의 가장 숭고한 사명입니다.

그래서 저는 오로지 하나님만을 섬기는 일에

자신을 바치고자 합니다.

저는 동인도에 있는 벵갈의 힌두인을 위한 선교사로 임명받았습니다.

아내와 가족들은 뒤에 남게 될 것입니다.

사랑하는 아버지,

이 일은 이 땅의 모든 자녀들이 따라야 할 부르심입니다.

가장 힘든 일이지만 영광스럽고 중요한 사역입니다.

주님께 저를 기쁜 마음으로 드릴 수 있을 것이라고 믿습니다.

당연히 많은 희생이 따르는 일입니다.

사랑하는 가족들과 떨어져야 하고,

사랑하는 많은 친구들과도 헤어져야 합니다.

그러나 저는 이 쟁기를 손에 잡기로 했습니다.

−최초의 인도 선교사 윌리엄 캐리의 전기 《William Carey》에서

빠푸의 소망

    빠푸는 우리로 치면 초등학교 6학년 또래다. 하지만 빠푸는 학교에 갈 수 없고 사람들이 모여 사는 도시에 살 수도 없다. 불가촉천민이기 때문이다. 인도에서 불가촉천민은 말 그대로 접촉해서는 안 되는 사람들이어서 그들을 만나거나 만지는 것조차 매우 불결하게 생각한다. 신을 잘 섬기는 사람들은 그들과의 접촉을 큰 죄를 짓는 것과 다름없다고 믿는다. 그래서 혹여 그들과 접촉하게 되면 그 죄를 씻으려고 제사를 지내거나 갠지스 강을 찾아가곤 한다. 사회적으로 동물보다 못한 취급을 받다 보니 선교 차원에서도 불가촉천민은 소외된 사람들로 남아 있을 수밖에 없었다.

    사실 이번에 빠푸를 만나게 된 것도 인근에 살고 있는 미개척종족에게 갔다가 아이의 동네를 우연히 발견했기 때문이다. 황폐한 벌판에

80호쯤 되는 집들이 옹기종기 모여 있었다. 집이라고 할 수도 없을 만큼 엉성하고 지저분했다. 쓰레기장에서나 볼 수 있을 더러운 비닐로 지붕을 덮고, 빈 깡통을 덕지덕지 이어 벽을 감쌌다. 마치 움막 같았다. 그래도 섭씨 40도를 넘는 더위를 피할 수 있는 유일한 안식처는 그곳뿐이었다.

현지인 사역자와 함께 아무도 드나들지 않는 그 마을을 찾아 갔다. 외부인이 오자 그들도 놀랐는지 경계하는 눈빛으로 먼발치에서 우리의 일거수일투족을 바라본다. 마을 어귀에 있는 집에서 아이들 서너 명이 낮잠을 자다가 방문객을 보고는 소스라치게 놀라 땅에 엎드려 우리 발바닥을 만지려 했다. 이것이 그들의 인사법이다. 언제 목욕을 했는지 엉클어진 머리와 때 묻은 얼굴을 하고 있다. 어른들은 모두 밭에 나갔다고 했다. 먹고살 수 있는 생업이 없어 인근에 주인 없는 텃밭이라도 있으면 그곳에서 채소를 재배한다. 아이들과 얘기하고 있는데 마을 입구에서 경계하며 바라보던 노인들이 하나 둘 우리 주변으로 모여들기 시작했다. 인사를 나누고 말을 건네자 그들의 얼굴에 금방 웃음이 돈다. 누가 먼저랄 것도 없이 자기 집으로 가자며 소매를 잡아끈다. 이렇게 한나절을 그분들의 가정을 방문하는 것으로 보냈다.

어떤 집을 갔더니 어찌나 냄새가 심하던지 집으로 들어가는 것이 큰 고역이었다. 세계 곳곳을 다녀도 어떤 냄새나 음식에도 비위 상하는 일이 없었는데 그 집에 들어가려면 심호흡을 몇 번이나 해야만 했다. 안에는 병든 할머니가 혼자 누워 있었다. 할머니는 무슨 병이 있는지 천장을 보고 누워만 있을 뿐 꼼짝을 못했다. 간신히 할머니를 일으켜 세우고 몸을 살펴보았다. 누웠던 자리는 짓물러 썩는 냄새가 진동을 했고, 몸은 송장이나 다름없이 방치되어 있었다. 아무 준비없이 간 우리도 어떻게 할 도리가 없어 가지고 있던 연고만 발라주고 나올 수밖에 없었다.

온 마을이 하나같이 그랬다. 병이 들어도 병원에 가거나 약 한번 써보지도 못하고 죽어 갔다. 이 모든 것을 전생의 업보로 여기며 이런 삶에서 탈출하겠다는 의지도 없이 살아가고 있었다. 소원이 있다면 다음 생에서는 좀더 나은 카스트로 태어나는 것뿐. 그러나 신을 감동시킬 만한 넉넉한 물질도 없기에 인간으로 환생하는 것도 이루어질 수 없는 꿈이라고 생각하며 살아가는 사람들이다. 마음이 아프고 답답했다.

마음을 추스리려 마을 언덕에 나와 앉았다. 그때 멀찍이 들판에서 한 여자아이가 걸어오는 것이 보였다. 땔감으로 쓸 마른 나뭇가지들을 주워 머리에 이고 있었다. 날카로운 돌로 뒤덮인 광야 길인데도 신발도 신지 않은 채였다. 얼굴이 얼마나 곱고 착해 보이는지……. 현지인 사역자와 나는 아이를 세워 말을 걸었다. 이름은 빠푸라고 했다. 이 마을에서 태어나고 자란 아이. 역시 불가촉천민이라는 의미다. 아이의 집에 함께 갔다. 빠푸의 집도 여느 집과 별반 다르지 않았다. 우리의 애완동물 밥 그릇보다도 못해 보이는 가재도구들 그리고 냄새나고 더러운 방.

현지인 사역자와 나는 그 집에서 하룻밤을 보냈다. 밭에서 돌아온 빠푸의 부모는 예상치 못한 손님들의 방문에 반가워하면서도 대접다운 대접을 못하는 것이 못내 마음에 걸리는 모양이었다. 밤이 깊도록 대화를 하며 그들이 얼마나 고단하게 살아가는지 실감할 수 있었다. 학교에 가보지 못했다는 빠푸에게 수학의 기본 원리를 가르쳤다. 더하기와 빼기 같은 간단한 원리들이었다. 두 시간쯤 기본 원리를 가르치고 테스트해 보았더니 놀랍게도 원리를 모두 깨우쳤을 뿐 아니라 웬만한 계산은 다 해내었다. 만약 빠푸가 우리나라에 태어났다면 똑똑하고 예뻐 집안의 자랑거리가 되었겠지. 하지만 이 사회에서는 누구도 주목하지 않는 짐승과 같은 인생일 뿐.

다음 날 부모가 밭으로 나간 사이 빠푸를 붙들고 성경 이야기를 해 주었다. 창조 이야기, 인간의 타락, 하나님이 하신 역사적인 사건들, 그리고 우리를 위해 이 땅에 오신 예수 그리스도에 이르기까지 성경의 핵심 주제들을 모두 들려주었다. 3억 3천만 개가 넘는 신을 섬기는 힌두교인들은 한 분 하나님을 이해하지 못할 때가 많았다. 더욱이 예수를 믿고 천국에 간다는 이야기는 윤회사상에 젖어 있는 그들에게 무척이나 생소한 개념이다. 빠푸도 다신교에 길들여진 탓인지 성경 이야기에 큰 감동을 받지 못하는 눈치다.

"빠푸야, 나는 나를 위해 죽으신 예수 그리스도를 믿어 천국이란 곳을 가게 된단다. 너도 그분을 믿으면 나와 같이 갈 수 있어. 그곳은 카스트도 없고, 천민도 없다. 모두 똑같은 모습으로 영원히 행복하게 살 수 있는 곳이란다……."

온 우주의 주인 되신 하나님이 빠푸를 진심으로 사랑하시고 그 사랑의 증거가 예수 그리스도라는 것을 설명했다. 그분의 죽으심은 높은 카스트에 있는 사람이나 특별한 사람들만을 위한 것이 아니라 빠푸를 위한 것이라고 얘기했다. 비록 이 땅에서는 불가촉천민이라는 굴레에 매여 산다 할지라도 사랑받을 자격이 충분하고, 하나님은 빠푸가 그런 축복을 누리기 원하신다고 말했다. 천국과 지옥의 이야기도 다시 해 주었다. 신분 차별이 없는 곳, 믿음만 있으면 갈 수 있는 곳, 누구에게나 영원한 축복의 삶이 보장되어 있는 그곳이 천국이라고 설명했다.

그렇게 또 한 시간 남짓 지났을 무렵, 아무 반응이 없던 빠푸의 눈가에서 가느다란 한 줄기 눈물이 흘러내렸다. 입술을 떨며 물었다.

"그분이, 정말 나를 만나 주나요? 나는 천민인데 신이라는 그분이 나를 만나 주실 수 있나요?"

나는 문득 가슴이 멎는 것 같았다.

"그럼, 만나 주시고 말고. 그분은 천민까지도 만나 주시는 분이시지. 예수께서는 천민이나, 죄인이나 그분께 나오기만 하면 다 받아 주셔."

빠푸가 눈물 방울을 뚝 떨어뜨리며 말했다.

"나…… 그분 만나고 싶어요. 그분 만나게 해 주세요."

빠푸는 그렇게 예수를 만났다. 해가 광야 같은 불가촉천민 마을 한가운데 높이 떠 있을 때, 빠푸는 무릎을 꿇고 예수를 영접했다. 내 안에 들어오신 예수를 어떻게 모시고 살아야 하는지, 그분을 어떻게 예배하며 살아야 하는지 설명해 주었다. 그리고 지금까지 들려준 성경 이야기가 기억나느냐고 물었다. 빠푸는 고개를 끄떡였다.

"그럼 지금까지 들은 성경 이야기를 이 마을에 사는 모든 사람들에게 다시 얘기해 줄 수 있겠니? 네 친구들에게 먼저 얘기해 주고, 엄마 아빠 에게 이야기해 주고, 저기 병들어 누워 계신 할머니께도 얘기해 드리 고…… 그렇게 모든 사람들에게 성경을 얘기해 줄 수 있겠니?"

빠푸는 다시 고개를 끄덕였다. 아이에게 손을 얹고 간절히 기도해 주 었다. 구원의 복음을 잘 간직하고 살아가길, 그리고 다른 사람들에게도 잘 전하는 사람이 되길.

그날 저녁, 우리는 모처럼 기쁘고 감사한 마음으로 마을을 떠났다. 마 을을 막 나오려는데 빠푸가 동구 밖까지 뛰어나와 우리를 배웅했다. 얼 굴은 놀랄 만큼 밝고 소망에 차 있었다. 그러나 나는 눈물이 쏟아져 손 을 흔드는 아이의 얼굴을 다시 돌아볼 수 없었다.

빠푸는 이제부터 예수를 믿고 천국의 소망을 안고 살아 갈 것이다. 그 러나 이 땅을 떠나기까지는 짐승보다 못한 천민으로 살아야 할 것이다. 이 사회의 누구도, 어쩌면 지구상의 어느 누구도 빠푸에게 관심을 두지 않을 것이다. 아프면 병원 한 번 못 가고 죽을지도 모르고, 쓰레기장 같 은 마을에서 악취가 진동하는 음식을 먹으며 평생 살아가야 할지도 모 른다. 이 땅에서의 그 고단한 삶을 어떻게 살아갈까.

'아이야, 그 고단한 삶의 끝에 우리 다시 만나겠지?' 하며 발걸음을 옮길 수밖에…….

이제 우리 집은 교회입니다

"여기는 몇 명이나 살아요?"

"교회가 있나요?"

"아니요, 교회도, 사역자도 없습니다……."

라바푸르에서 목회를 하는 에스게델 목사와 나는 고장난 녹음기가 돌아가듯 이런 대화를 반복하며 인도 북부 지역을 다녔다. 가도 가도 끝이 없는 동네들. 그러나 어느 한 곳도 교회 하나, 사역자 한 명 있는 곳이 없었다.

"복음을 전하러 단 한 사람도 오지 않았다는 것이 믿기지 않아요."

"인도의 문제가 그것입니다. 선교 역사가 오래되어, 선교사도 많고 교회도 많이 있을 것이라 생각하지만, 인구를 생각해 보세요. 특히 북부 지역은 영적 불모지라고 할 수 있습니다. 인도 북부 전체가 영적인 씨앗

하나 뿌려지지 않은 사막입니다."

　에스게델 목사는 인도 북부 지역의 절망적인 상황을 안타까워했다. 차창 밖으로는 작물을 심어도 자랄 것 같지 않은 척박한 땅이 끝없이 이어졌다. 이따금 이글거리는 태양 아래 추수하는 사람들의 모습도 보였다. 한 폭의 그림이 아니라 생존을 위해 발버둥 치는 전쟁 같은 모습이다. 나무 그늘에서 휴식을 즐기는 소 떼들이 훨씬 더 행복하게 보이는.

　에스게델 목사는 차를 돌려 제법 큰 도시로 들어갔다. 북부 지역을 개척하기 위해 베이스캠프로 선정한 곳이다. 제법 구색을 갖춘 상점들이 눈에 들어왔다. 울긋불긋한 향료를 파는 식료품 가게들, 시커멓게 그을린 주전자에 차를 끓이는 찻집도 성업 중이었다. 시장도 있고, 하루에 서너 번 다니는 버스도 있었다. 그러나 교회는 없었다.

　식당을 찾아 들어갔다. 젊은이들 서너 명이 맨손으로 밥을 먹고 있었다. 그들 옆에 앉아 인사를 하고 말을 건넸다. 한 젊은이는 40킬로미터쯤 떨어진 시골에서 일자리를 찾아 이곳까지 왔다고 했다. 갠지스 강가에 살면서 낚시를 하고 나룻배로 강을 오가며 사람을 태웠는데, 다리가 세워지면서 손님이 끊기고 강도 오염되어 마을 전체가 심각한 어려움에 처했다고 한다.

　젊은이가 살던 마을에는 잡초만 무성한 들판이라도 일궈 농사를 시작한 사람도 있고, 자기처럼 무작정 도시로 일자리를 찾아 나오는 사람도 있다고 했다. 그 마을의 모습이 머리에 그려졌다. 지금까지 다닌 인도의 여느 마을과 별반 다르지 않을 거라 상상이 되었다. 한쪽에서는 인공위

성을 쏘아 올리고 핵무기를 만들면서 다른 한쪽에서는 이런 극빈의 생활을 벗어나지 못하는 것이 인도의 현실이다.

대화가 한참 무르익는데 오토바이 한 대가 식당 앞에 멈춰 섰다. 잠시 후 제복 입은 사람이 들어왔다. 경찰이었다. 지역마다 조금씩 차이가 있긴 하지만 인도 경찰이 외국인을 위협적으로 대하는 일은 거의 없다. 복음을 전하는 데도 큰 방해를 하지 않는다. 그래서 신경 쓰지 않고 젊은 이들과 얘기를 계속했다. 그런데 우리 앞으로 경찰이 다가오더니 다짜고짜 신분증을 내놓으라고 요구하는 것이었다. 장난인 것 같아 머뭇머뭇 하는데 그의 얼굴이 점점 굳어지고 있었다.

에스게델 목사가 눈치를 채고 힌두어로 한참 동안 설명을 했다. 그러나 경찰은 조금도 물러서지 않고 내게 신분증을 달라고 요구했다. 하는 수 없이 여권을 꺼내 건네주자 훑어보며 방문 목적이 무엇이냐, 누구를 만나러 왔느냐, 어디서 머물고 있느냐 질문을 퍼부었다. 식당 분위기가 냉랭해지자 대화를 나누던 젊은이들은 슬그머니 자리를 떴다.

내 신분을 확인한 경찰은 옆 테이블에서 식사를 하는가 싶더니 우리가 식당을 나오자 따라 나왔다. 시장으로 가면 시장으로 따라오고, 찻집으로 들어가면 찻집으로 따라와 우리 옆에 자리를 잡았다. 사람들에게 말을 걸려고 하면 빨리 가라고 호통을 치며 사람들을 내쫓았다. 이곳에서 엉뚱한 짓 하지 말고 빨리 떠나라는 암시다. 에스게델 목사는 혹시라도 이곳에 나쁜 신을 퍼트릴까봐 감시하는 것 같다며 아마 골수 힌두교인일 거라 했다.

이틀 동안 그는 우리를 따라다니며 감시했다. 현지인 집을 방문하여 예수 영화를 보여 주려고 하면 영락없이 나타나 식구들을 위협하고 영화를 못 보게 했다. 묵고 있는 숙소까지 따라와 주인에게 우리를 잘 감시하라고 지시할 정도였다. 인도에서는 처음 당하는 황당한 일이었다. 에스게델 목사와 나는 그의 끈질긴 괴롭힘에 기진맥진했다. 지금은 때가 아닌 것 같아 이곳을 떠나기로 했다.

떠나는 길에 작별 인사라도 해야겠다는 생각이 들어 경찰의 집을 수소문했다. 그의 집을 찾는 것은 그리 어렵지 않았다. 이 지역에서 가장 크고 제대로 지은 벽돌집이었다. 대문을 열고 들어가자 문설주에는 온갖 부적이 붙어 있고, 마당 구석구석에는 각종 신상이 빼곡히 세워져 있었다. 그의 신앙이 얼마나 깊은지 가늠할 수 있었다.

그에게 작별 인사를 하고 나오려는데 문간방에서 신음 소리가 들렸다. 누구냐고 물었더니 병들어 누워 계신 어머니라고 했다. 경찰은 미웠지만 병든 어머니를 그냥 두고 갈 수가 없어 기도를 해 주겠다고 했다. 경찰은 그동안의 까칠한 태도와는 다르게 선뜻 그러라고 허락했다. 에스게델 목사와 나는 그의 어머니를 위해 간절히 기도했다. 몸에서 땀이 흐르고 기운이 다할 정도로 우리는 정말 뜨겁게 기도했다. 그렇게 기도를 하고 방에서 나오는데 누워 있던 어머니도 엉금엉금 일어나 우리를 따라 나왔다. '그동안 병세가 그리 심하지 않았나 보다.' 하는 생각이 들었다.

그런데 어머니가 걸어 마당으로 나오는 것을 본 경찰은 소스라치게

"앞으로 우리 집은 예수 그리스도의 말씀을 배우는 집이 될 것입니다. 그분을 예배하는 곳으로 개방할 것이고 누구든지 와서 말씀을 듣도록 하겠습니다."

놀라는 것이었다. 알고 보니 어머니는 몇 개월 동안 몸을 움직이지 못할 정도로 심한 병에 걸려 있었다고 한다. 그런데 우리가 기도하는 중에 치료가 된 것이다. 경찰의 간곡한 요청으로 우리는 그 집에서 하루를 더 묵었다. 그날 밤 우리는 가지고 온 예수 영화를 인근 주민들을 초청하여 보여 주었다. 병든 사람이 고침 받았다는 소문이 났는지 많은 사람들이 몰려왔다. 예수 영화를 보면서 거의 대부분이 예수를 믿겠다고 작정을 했다. 경찰은 구원의 메시지가 다 끝나자 자리에서 일어나 주민들에게 선포를 했다.

"앞으로 우리 집은 예수 그리스도의 말씀을 배우는 집이 될 것입니다. 그분을 예배하는 곳으로 개방할 것이고 누구든지 와서 말씀을 듣도록 하겠습니다."

선교를 방해하던 경찰이 자기 집에서 교회를 시작하겠다고 한 것이다. 그곳에서 일주일을 더 있으면서 말씀을 전하고 가르쳤다. 에스게델 목사가 그곳에 남겠다고 했다. 그는 이곳을 센터로 삼아 인근의 8백여 개의 크고 작은 마을을 개척하기로 했다.

마을을 떠나던 날, 경찰은 오토바이를 손수 운전하여 나를 버스 정류장까지 데려다 주었다. 내 손을 으스러지게 잡으며 미소를 지었다. 그의 확신에 찬 얼굴을 보니 이 지역 사람들에게 소망이 있겠구나 생각이 되었다. 그의 헌신으로 이 지역에 복음이 잘 뿌리내릴 테니 말이다.

타라의 고향 마을에서 생긴 일

　타라는 스물한 살, 세 아이의 엄마다. 결혼한 지 10년이나 되었지만 엄마라기보다는 큰누나 정도로 보인다. 열아홉 살 차이의 남편은 60대 할아버지 같다. 가정 형편이 어려워 타라는 팔려 오듯 이곳 깐푸르로 시집을 왔다. 타라가 받은 지참금으로 친정 부모는 땅을 사겠다고 했지만 여기저기 빚을 갚고 나니 남은 것이 없었다. 친정은 타라의 가슴 한쪽에 늘 시리게 남아 있다. 이런 타라의 부탁이니 안 들어줄 수가 없었다. 에스게델 목사도 막 교회를 출석하기 시작한 그녀를 격려하기 위해서라도 가야 한다고 재촉했다. 이렇게 타라의 고향 마을로의 여행이 시작되었다.

　그녀의 고향은 인도 북부 어디서나 볼 수 있는 평범한 마을이었다. 깐푸르에서 차로 한나절을 달리는 동안 차창 밖으로 보이는 것은 하얀 모래바람 휘날리는 텅 빈 들판뿐이었다. 이따금 한 톨의 이삭이라도 주워 보겠다며 뙤약볕 아래 쭈그리고 있는 아낙네들과 나무 그늘에 한가히 누워 되새김질하고 있는 소 떼가 눈에 띌 뿐이었다.

마을까지 차가 들어갈 수 없어 동구 밖에 차를 세우고 걷기 시작했다. 뉘엿뉘엿 석양이 지는 마을에는 코흘리개 아이들이 옷도 입지 않은 맨몸으로 나와 도시에서 온 이방인들을 구경하듯 바라봤다. 초가 지붕과 흙벽돌 집들 사이 좁은 골목에는 사람이 다니는 길인지 짐승이 다니는 길인지 분간하기 어려울 정도로 소똥과 오물이 널려 있었다. 그 골목 끝쯤에 타라의 집이 있었다.

아무 연락도 없이 10년 만에 불쑥 찾아온 딸을 발견한 엄마는 마당에 멍하니 서 있다 딸을 얼싸안고 꺼이꺼이 울음을 터트렸다. 동생인 듯한 소년도 믿기지 않는 듯 바라만 보다 소리를 지르며 골목길을 달려 나왔다. 잠시 후 그는 아버지의 손목을 끌고 뛰어왔다. 온 가족이 부둥켜안고 울고 웃으며 상봉의 기쁨을 만끽했다. 타라의 아이들이 울지 않았다면 그 시간은 더 길었을 것이다. 아이들이 생소한 상황을 더 이상 이기지 못하고 울음을 터트리는 바람에 타라의 친정 엄마가 눈물 범벅이 된 얼굴로 아이들을 한품에 안았다.

그날 밤 이웃들이 몰려와 타라네 집은 잔칫집 같았다. 에스게델 목사와 우리는 대접을 톡톡히 받았다. 오랫동안 떨어져 있던 딸과 그동안 쌓인 이야기를 나누느라 가족들은 타라의 주변을 떠나지 못했다. 그런데 타라의 아버지는 뭐가 그리 바쁜지 집안을 들락거리며 잠시도 앉아 있

82

지를 못했다. 그렇다고 일을 하는 것 같진 않고 그저 바쁘게 들락날락할 뿐이었다.

"무슨 일 있습니까?"

에스게델 목사가 참다 못해 나가는 그를 붙잡고 물었다.

"이장네 아이가 곧 죽을 것 같아요"

"……."

"이장네 집에서 일을 하고 있어 아이가 죽으면 제가 할 일이 많거든요."

에스게델 목사의 얼굴에 미안함이 가득 배어났다. 오랜만에 돌아온 딸, 가정 형편 때문에 어쩔 수 없이 팔려 갔던 딸이 돌아왔는데 함께 시간을 보낼 수 없는 그였다. 그런 사정도 모르고 불만스럽게 그를 몰아세웠으니…….

"우리, 같이 갑시다."

에스게델 목사가 타라의 아버지를 따라나서자 우리도 어쩔 수 없이 그를 따라갔다. 골목을 서너 번쯤 돌아가니 이장 댁이 있었다. 몇몇 동네 사람들이 툇마루에 자리를 펴고 앉아 차를 마시고 있었다. 어디선가 여자 울음소리가 들려왔다. 우리가 잠시 문밖에 서서 기다리는 동안 타라 아버지는 안에 들어갔다가 이장과 함께 나왔다. 이장은 정중하게 인사하며 우리를 맞았다.

에스게델 목사와 이장은 몇 마디 주고받더니 바로 방으로 들어갔다. 방 안에 있던 여자들은 외간 남자가 들어오자 놀라는 기색을 하며 방을 나갔다. 누워 있는 아이는 핏기가 없어 살아 있는 아이 같지 않았다. 살아날 가능성이 전혀 없어 보였다.

일행은 아이를 붙잡고 기도했다. 에스게델 목사는 온 동네가 들리도록 우렁찬 목소리로 소리를 지르며 기도했다. 이장은 이미 소망을 버렸는지 기도하는 우리를 제지하지 않았다. 어떤 신이든 아이만 살려 내면 좋겠다고 생각했는지도 모른다. 한 시간쯤 지나도록 열심히 기도를 했다. 미동도 하지 않는 아이의 몸은 점점 굳어가는 듯 했다. 이전과 달라진 것은 아무것도 없었다.

이장 댁에서 기도를 하고 다시 타라의 집으로 돌아오니 마당 가득 몰려와 있던 이웃 사람들은 다 떠난 뒤였다. 그제서야 저녁 식사가 나오기 시작했다. 수저를 들며 타라의 이야기로 대화가 이어졌고, 아무도 이장 댁 아이에 대해 입을 열지 않았다.

다음 날 일찍 에스게델 목사는 우리를 이끌고 다시 이장 댁으로 갔다. 아이는 죽음의 문턱에 더욱 가까이 다다른 듯했다. 에스게델 목사는 묻지도 않고 아이가 누워 있는 문간방으로 갔다. 그러고는 우렁찬 목소리로 기도하기 시작했다. 기도하다가 구성진 힌두 찬양을 부르고 또 기도하고 찬양을 하는 식이었다. 그래도 아이는 아무런 변화도 보이지 않았다.

그날 오후에도, 그 다음 날 아침에도 에스게델 목사와 우리는 이장 댁으로 찾아가 기도했다. 처음에는 한 가닥 희망을 만난 듯 얼굴에 생기가 돌던 이장 부부도 이제는 모든 걸 체념한 사람처럼 초점 잃은 눈으로 우리를 맞았다. 기도를 해도 이제는 방에 들어와 보지도 않았다. 어쩌면 아이가 빨리 세상을 떠났으면 하고 생각하는지도 몰랐다. 병원도, 약도 없는 이런 곳에서 살아날 가망이 없다면 부모가 생각할 수 있는 것이 무엇이겠는가?

아이를 위해 기도를 하고 집을 나서는데 이장이 따라 나왔다. 아무 말 없이 악수를 청했다. 그동안 고마웠고 더 이상 오지 않아도 된다는 의미였다. 마음을 정리했다는 뜻이기도 했다. 그러나 그의 눈을 보니 마음 깊은 곳으로는 울고 있었다. 마지막까지 놓을 수 없는 아버지의 사랑이었다.

이장 댁에서 돌아와 우리는 집으로 돌아갈 채비를 했다. 다음 날 아침 일찍 떠나기 위해서였다. 떠나기로 한 날은 아직 남아 있었지만 이장 댁 아들 사건으로 예수가 별 볼일 없는 신으로 점점 인식되고 있는 마당에 더 이상 마을에 머물기가 부담스러웠다. 차라리 다음에 다른 기회로 복음을 전하는 것이 좋을 듯했다. 타라에게는 미안했지만 그녀도 상황을 이해하는지라 그렇게 하자며 짐을 쌌다. 타라의 아버지가 더 바빠졌다. 언제 다시 만날지 모를 딸과 한시라도 더 있고 싶어 집과 이장 댁을 바삐 오갔다.

타라와 어머니는 마지막 저녁을 준비하느라 부엌을 떠나지 않았다. 그때였다. 타라 아버지가 헐레벌떡 마당으로 뛰어 들어왔다.

"살아났어요! 아이가 살아났어요!"

잠시 어안이 벙벙하여 서로를 쳐다보다가 이장 댁으로 달려갔다. 벌써 소문이 돌았는지 동네 사람들이 이장 댁 앞에 모여들고 있었다. 아이가 누워 있던 방문을 박차고 들어가자 이장이 눈물을 철철 흘리며 무슨 말인지 모를 소리를 질렀다. 방 한가운데 누워 있던 아이는 어머니의 부축으로 꾸부정하게 앉아 죽 같은 것을 먹고 있었다. 죽음 직전에 있던 아이가 살아난 것이다.

그날 저녁 이장 댁에서는 장례식을 위해 준비해 둔 음식으로 잔치를 열었다. 이장은 온 마을 사람들 앞에 서서 약속했다. 이 동네에 교회를 세우겠다고. 그리고 천사같이 고마운 분들을 데리고 온 타라에게 보답하기 위해 그의 가정을 온 동네가 합심하여 돕겠다고.

테러리스트에서 복음 전하는 자로

교회 개척 훈련에 참석한 무다사는 처음 만났을 때보다 표정이 많이 밝아져 있었다. 치렁치렁한 무슬림 옷을 제외하고는 얼마나 단정해졌는지 몰라볼 정도였다. 무엇보다 항상 웃고 있었다. 말을 하거나 다른 사람의 이야기를 들을 때도 입을 반쯤 벌린 채 웃음이 얼굴에서 떠나지 않았다. 3년 전의 무다사를 알던 사람이 보면 어색하다고 할 정도였다. 그는 분명 이전의 무다사가 아니었다.

무다사는 어릴 때부터 테러리스트가 되는 것이 꿈이었다. 원수를 갚기 위해서였다. 무다사가 열 살 되던 해에 아버지가 살해되었다. 테러리스트들이 집에 들이닥쳐 아버지를 처참하게 죽이는 광경을 목격한 뒤부터 테러리스트는 그의 꿈이 되었다.

다양한 인종과 카스트가 뒤섞인 지역에서 정치 지도자의 역할은 매우 중요하다. 그래서 선거 때만 되면 전쟁을 방불케 하는 선거전이 벌어졌는데, 때로는 그것이 과열되어 폭력사태가 발생하기도 하고 선거 운동원이나 후보에게 공격이 가해지기도 했다. 어떤 후보가 선출되느냐에 따라 이익이 갈리기 때문에 정당에서는 선거에 목숨을 걸 수밖에 없었다.

무다사의 아버지는 오랫동안 속해 있던 정당에서 탈퇴한 뒤 경쟁 관계에 있는 다른 정당으로 옮겼다. 그러자 이전 정당의 과격파들이 아버지를 계속 협박했다. 그러나 무다사의 아버지는 그에 맞서 더욱 강하게 이전 정당을 비난하고 현 정당에 대한 지원 유세를 강화했다.

그러던 어느 날, 일단의 청년들이 집에 들이닥쳤다. 청년들은 아버지를 마당으로 끌어내어 구타하기 시작했다. 삽과 몽둥이와 쇠사슬로 무장한 청년들은 일순간에 아버지를 피투성이로 만들었다. 불과 몇 분 만에 아버지는 기동도 하지 않는 시체가 되고 말았다.

경찰은 이전 정당을 지원하던 테러리스트들의 소행이라고 결론을 내리고 수사를 종결했다. 무다사는 그날부터 흉기를 휘두르던 청년들을 향해 복수의 칼을 갈았다. 한 명의 얼굴이라도 잊지 않기 위해 하루 종일 그들의 얼굴을 되새기며 보내기도 했다. 그리고 아버지를 살해한 자들에게 원수 갚는 것을 인생의 목표로 삼았다. 그 꿈을 위한 가장 확실한 길은 테러 단체에 들어가 지원을 받는 것이라 생각하여 무슬림이 지원하는 테러 단체에 들어갔다. 그리고 때를 기다렸다.

그러던 어느 날, 우연한 기회에 어릴 적 친구를 만났다. 그는 그리스도인이 되어 있었다. 친구는 무다사의 사연을 알고 있었다. 그는 무다사를 설득하기 시작했다. 성경 이야기를 들려주며 복수는 또 다른 피를 부를 수밖에 없으며 용서하는 사람이 결국 승리하는 것임을 알려 주려 애썼다. 무다사는 성경에 대해서는 들어 본 적이 없었다. 무슬림이 지원하는 테러 단체에 소속되어 있어서 꾸란에 대해서만 조금 들어 보았을 뿐이었다. 친구는 가인의 살인 사건, 그 때문에 받은 가인의 징계, 그리고 인간의 죄가 가져온 인류의 재앙과 그것을 회복하러 오신 예수님 이야기를 했다. 친구는 예수님이 십자가에 달리시기 전날 밤 당한 수난에 대해서도 이야기했다. 수많은 군중이 죄 없는 예수님을 저주하고, 죽이라며 외치고, 조롱하며 모욕을 주었음에도 예수님은 '아버지, 저들의 죄를 용서하여 주옵소서. 저들은 자기들의 하는 일을 모릅니다.'라고 기도하셨음을 이야기해 주었다.

묵묵히 듣고 있던 무다사가 갑자기 눈물을 흘리기 시작했다. 세상에 무서울 게 없을 것 같던 그가 한순간에 무너지고 만 것이다. 무다사는 후에 고백하기를 십자가에 못 박는 군중과 자기 모습이 너무 똑같아 견딜 수 없었다고 했다. 십자가에 못 박히면서도 자기를 죽이고 모욕하는 사람들을 용서하시는 예수님 앞에서 용서하지 못하고 원한만을 키워왔던 그의 마음이 큰 변화를 겪은 것이다.

무다사는 그렇게 예수님을 만난 후, 증오하던 얼굴들을 하나씩 지워갔다. 그리고 2년 동안 성경 공부를 하고 훈련을 받은 후 인도 북부의 교회가 없는 곳을 다니며 복음을 전했다. 그의 사역을 통해 예수를 믿는 사람들이 점점 늘어나고 교회가 세워지기 시작했다.

무다사는 가장 사역이 어렵고 위험하다는 카슈미르의 무슬림 지역에 들어가 개척 선교를 하기로 결심했다. 그곳에는 무다사를 알고 있는 테러 단체 사람들이 살고 있기 때문에 그 땅에 들어가는 것은 목숨을 내놓는다는 걸 의미했다. 하지만 무다사는 멈추지 않았다.

복음을 들고 마을 이곳저곳을 다니는 무다사를 증오심으로 불타던 테러리스트였다고 상상이나 할 수 있을까? 복음은 그의 복수심마저 이렇게 흔적 없이 녹여 버렸다.

기차역에서 만난 사람

인도에서 최고의 카스트인 브라만으로 태어나는 것은 부러울 것 없는 인생을 보장받는다는 의미다. 이 땅에 사는 동안 카스트에 의해 직장도, 배우자도, 사는 동네까지도 정해진다. 바후나는 브라만에 속한 성직자 집안의 아들이다. 최고의 대학을 졸업한 수재이고, 두 곳의 정부 기관에서 동시에 스카우트 제의를 받을 정도로 주목받는 인재였다. 바후나의 부모는 전생에 신을 잘 섬겼기에 받은 복이라고 자부했다. 바후나는 행복한 가정을 꾸렸고 사랑스러운 두 아이도 낳았다. 집에는 수십 개의 신상과 제단이 있고 기회만 되면 무당을 데려다가 굿을 하고 가난한 사람들에게 음식을 베풀었다. 그는 이런 삶을 통해 다음 생에서 더 좋은 삶을 살 수 있을 거라고 확신했다.

바후나는 신상들에게 향을 피우고 절을 하는 것으로 하루를 시작했다. 그리고 자기도 모르는 사이 살생을 했거나 동정을 베풀어야 할 사람을 배척했을 수도 있기에 날마다 힌두교 사당을 찾아가 공양을 했다. 정부 기관에서 일하면서 할 수 있는 한 많은 선행을 하려고 애를 썼다. 사람들은 그런 그를 칭송했다.

어느 날, 바라나시에서 수행하던 무당을 집에 모셔 굿을 했다. 그런데 그날 밤 머리가 깨지듯 아파 잠을 한숨도 잘 수 없었다. 계속 환청이 들리고 일에도 집중할 수 없었다. 몸이 쇠약해진 탓이라 생각하여 약초 물을 끓여 먹기도 했다. 그러나 그것도 환청과 악몽과 물밀듯이 몰려오는 공포감을 없애 주지는 못했다. 시간이 갈수록 이 증상은 점점 더 심해졌다. 사무실에서 일을 하다가 갑자기 거리로 뛰쳐나가 한참을 배회하기도 했다. 어떤 때는 거리에서 비명을 지르며 누구도 알아들을 수 없는 말을 쏟아내기도 했다. 증세가 점점 심해지고 이상한 행동을 하는 날들이 계속됐다. 그러다가 급기야 사무실에서 옷을 모두 벗고 칼로 자기 몸을 상해하는 일까지 벌이기도 했다.

병세가 보통 심각한 것이 아니라고 판단한 정부 기관에서는 그를 해고했다. 엎친 데 덮친 격으로 아내마저 한밤중에 사망하는 일이 벌어졌다. 심장마비라고 했지만 왜 심장마비가 왔는지 정확한 원인을 찾을 수 없었다. 온 집안이 귀신에 의해 풍비박산 나고 있었다.

이런 일련의 일들로 어느 누구도 그를 가까이하려 하지 않았다. 그의 부모는 인도에서 가장 유명하다는 힌두교 무당을 불러 굿을 하고 치료도 해 보았다. 하지만 소용이 없었다. 이슬람 신비주의파에 속한 종교

지도자들에게도 찾아갔지만 그들도 귀신을 쫓아내지 못했다.

주변 사람들은 바후나가 무당이 되어야 귀신이 달래진다는 둥, 양 수십 마리를 제물로 바쳐야 한다는 둥, 바라나시에 가서 고행을 해야 한다는 둥 다양한 진단을 내놓았지만 어느 것 하나 도움될 것 같지 않았다. 엄청난 돈을 쓰고도 아들의 병을 고치지 못한 그의 부모는 자포자기에 빠지고 말았다. 바후나는 자살을 결심했다. 이 땅에서 희망을 찾을 길은 어디에도 없었다. 귀신 들린 자기 하나 죽으면 자신도 여러 사람도 이런 고통에서 자유롭게 될 거라고 생각했다.

죽기로 작정하고 간이 기차역으로 나갔다. 대부분의 기차는 이 간이역에 서지 않고 달리기 때문에 자살하기에는 적합한 장소라고 생각했다. 뛰어들 채비를 하고 기차가 오기만을 기다리며 철로 옆에 서 있었다. 그때 한 여인이 아이와 함께 여러 개의 가방을 들고 기차역으로 걸어왔다.

여인은 철길 옆에 서 있는 바후나를 발견했다.

"아저씨, 기차에 짐 싣는 것 좀 도와주실래요?"

하는 수 없이 그녀의 짐을 들어 주었다.

조금 있으려니 달려오는 기차가 보였다. 그런데 역 가까이에 와서 멈춰서는 게 아닌가! 이 역에 정차하는 몇 개 안 되는 기차 중 하나였던 것이다. 그녀와 아이는 기차에 올라탔다. 짐을 들고 있던 바후나도 기차에 올랐다. 좌석 위에 짐을 올려놓고 내려가려는데 여인이 말을 걸었다.

"감사합니다. 이렇게 도와 주셨는데 음식이나 좀 드시고 가세요."

여인이 음식을 꺼내 그에게 대접했다. 음식을 먹고 있는데 여인이 물었다.

"그런데, 무슨 일이 있으세요? 안색이 아주 안 좋아 보여요. 힘든 문제라도 있으세요?"

바후나는 순간 울음을 터트리고 말았다. 그리고 자신도 모르게 그동안의 일들을 이야기하기 시작했다. 귀신에 들려 직장과 가정을 잃고 고통스러운 나날을 보내고 있는 것과 왜 기차역에 나와 있었는지에 대해 설명했다.

이야기를 묵묵히 듣고 있던 여인도 눈물을 흘리며 말했다.

"당신을 치료할 수 있는 길이 있어요. 예수님을 통해 고침 받을 수 있어요. 오늘 죽지 말고 한 번만 더 기회를 만들어 봐요. 그분이 당신을 살릴 수 있어요."

기차가 움직이기 시작했다. 여인은 바후나에게 자기 집 주소와 전화번호를 알려 주고 일주일 후에 찾아오라고 간곡히 당부했다. 그때가 되면 자기도 집에 돌아올 거라고 했다. 여인의 연락처를 받아든 바후나는 그녀의 집을 한번 방문하기로 생각을 바꿨다.

일주일 후, 바후나는 그녀의 집을 찾았다. 남편과 여인이 바후나를 기다리고 있었다. 두 사람은 바후나에게 예수님에 대해 이야기해 주었다. 그리고 간절히 기도해 주었다. 놀라운 일이 벌어졌다. 그날 밤부터 악몽이 사라진 것이다. 그뿐만 아니라 정신적으로 온전해졌음을 느낄 정도로 몸이 변해 있었다. 귀신이 자기 몸에서 완전히 떠났음을 알 수 있었다.

바후나는 다시 여인의 집을 찾았다. 자신을 변화시킨 예수에 대해 더

"예수님을 통해 고침 받을 수 있어요. 오늘 죽지 말고 한 번만 더 기회를 만들어 봐요.
그분이 당신을 살릴 수 있어요."

알고 싶었다. 그렇게 해서 바후나는 그 집에서 성경 공부를 시작했다.
온전해진 그는 직장도 새로 구하게 되었다.

바후나는 자신을 구해 준 예수를 위해 남은 인생을 드리기로 결심했
다. 자기처럼 고통당하는 사람들을 도우며 살고 싶었다. 그는 교회 개척
팀에 합류하기로 했다. 사역자 훈련을 모두 마치고 미전도종족이 밀집
되어 있는 북부로 들어가 사역을 시작했다. 그곳은 귀신 들린 사람이 많
은 지역이었다. 거저 받은 사랑을, 그는 이렇게 다시 나누고 있었다.

딸을 죽여 가문의 명예를 지키는 사람들

자발푸르로 가는 비행기를 타려고 공항에 왔다. 오랜만에 뉴스를 보려고 가게 한 켠에 수북이 쌓여 있는 영자 신문을 집어들었다. 도시에서 한참 떨어진 외진 곳에 있다가 공항이 있는 이런 도시에라도 나오면 세상이 어떻게 돌아가는지 알 수 있다. 신문을 읽다가 지방 소식 면을 폈는데 한쪽 귀퉁이에 있는 제목이 눈길을 끌었다. '딸을 죽인 아버지 체포.'

기사는 이런 내용이었다. 상류 카스트에 속한 여자가 다른 카스트의 남자를 사랑하게 되었다. 카스트에 의해 삶이 정해진다 해도 과언이 아닌 인도에서 다른 카스트의 사람을 사랑하는 것은 심각한 문제다. 더군다나 그 남자는 인간으로 취급하지도 않는 불가촉천민. 그들과는 대화는 물론 몸을 스치는 것조차 엄격히 금하는 것이 신앙심 좋다는 힌두교인의 생활 방식이었다. 불가촉천민은 말 그대로 접촉해서는 안 되는 사람들이다.

그러니 상류 카스트에 속한 여자가 불가촉천민 남자와 만난다는 것은 보통 사건이 아니었다. 여자의 부모는 야단치기도 하고 달래기도 하면서 남자에게 접근하지 못하도록 했다. 그러나 여자는 기회가 있을 때마다 부모의 감시를 벗어나 남자를 찾아가곤 했다. 부모는 아예 그녀를 시골 할머니 집으로 보냈다. 일종의 격리 생활이었다. 멀리 떨어진 곳에서 시간을 보내면 자연스럽게 남자를 잊을 것이라 기대했다.

그러나 여자는 남자를 잊지 못했다. 남자를 사모하는 마음이 불 일듯 했다. 결국 축제가 열리던 날 시골 할머니 집을 도망쳐 남자의 고향 마을을 찾아갔다.

남자는 그녀를 반기기보다는 부모가 알게 되면 큰 화를 당할지 모르니 돌아가라고 설득했다. 남자의 부모까지 나서서 자기 집안까지 해를 당할 거라며 여자를 설득했지만 소용이 없었다.

결국 남자의 부모는 더이상 일이 커지는 것을 막기 위해 여자의 부모에게 연락을 했다. 전갈을 받은 아버지는 불같이 화를 냈다. 그리고 딸을 끌고 집으로 돌아왔다.

아버지는 더 이상 딸을 변화시킬 가능성이 없다고 결론을 내렸다. 불결한 딸을 데리고 사느니 가문의 명예를 위해 죽이는 것이 낫다고 생각했다. 그리하여 집 앞마당에 장작더미를 쌓아 놓고 그 위에 딸을 묶어 산 채로 태워 죽이고 말았다. 그녀의 나이 열아홉 살이었다.

문득 오래전에 만난 자야가 생각났다. 자야는 어머니와 함께 라크나우에 있는 교회를 찾아왔었다. 고등학생 나이쯤 돼 보이는 소녀의 눈동자는 공허했고 핏기 없는 창백한 얼굴을 하고 있었다. 어머니가 옆에서 두 손을 꼭 잡고 있는데도 무섭다며 온몸을 벌벌 떨었다.

어머니는 어려운 형편 때문에 그런 자야를 병원에 데리고 갈 수도 없었다. 동네 사람들은 귀신이 들려서 그렇다며 '사두'를 불러 굿을 하고 제사를 드리면 될 거라 했지만 자야의 가정 형편으로는 엄두도 못 낼 일이었다. 그러다가 교회에 가면 도움을 받을지도 모른다는 누군가의 말에 무작정 교회로 찾아온 것이다.

몇 주 동안 예배도 참석하고 성경 공부 모임에도 나왔다. 개인적으로 만나 상담도 하고 기도도 해 주었다. 정성을 다해 그녀의 마음을 안정시켜 보려 애를 썼다. 그러나 자야의 상태는 호전되지 않았다. 그녀의 가슴 깊은 곳에 감당할 수 없는 충격이 자리잡고 있었던 것이다. 바로 언니 때문이었다.

자야의 언니는 예쁘고 상냥해 사람들에게 인기가 많았다. 학교에서도 남학생들의 인기를 독차지했다고 한다. 그러나 그것이 엄격한 아버지에게는 항상 불만이었다. 여자는 집안에서 조신하게 있어야 하는데 너무 나댄다는 것이다. 그래서 아버지는 언니에게 늘상 주의를 주고 옷도 원하는 대로 입지 못하게 했다. 언니가 고등학교를 막 입학하고 얼마 지나지 않아 아버지는 떠도는 소문을 들었다. 언니가 남자들과 어울린다는 것이다. 소문을 듣고 온 날, 아버지는 언니를 방에 가둬 두고 몇 시

미치지 않고는 살 수 없는 이 이상한 세상에서 사랑하며 사는 것이야말로
최고의 행복이라는 것을 보여 주길 간절히 빌어 본다.

간이고 매질을 했다. 방에서 나온 언니의 얼굴은 피와 멍으로 엉망이 되
어 있었다.

그 일이 있고 나서 언니는 늘 조심했다. 아버지도 그런 언니의 모습에
만족해했다. 그런데 일은 엉뚱한 곳에서 터지고 말았다. 학교를 마치고
집으로 돌아오는데 한 남학생이 장난을 치기 시작했다. 길거리에서 손
을 만지고 몸을 건드리는 짓궂은 장난을 계속 해댔다. 공교롭게도 그 모
습을 릭샤를 타고 길을 지나가던 아버지가 보았다.

그날 저녁, 아버지는 언니를 마당으로 끌어내어 때리기 시작했다. 몇

개의 나무 막대기가 부러질 정도로 때렸다. 머리가 터져 얼굴이 피로 온통 물들고 있었다. 온몸도 피로 범벅이 되었다. 언니는 신음 소리조차 내지 못했다. 거의 송장처럼 돼서야 아버지는 폭행을 그쳤다.

자야는 마당 저편에서 이 모든 광경을 보았다. 어머니도 그런 아버지를 말리지 못하고 치맛자락을 입에 물고 소리도 내지 못하고 울기만 했다. 피투성이가 된 언니가 손을 부르르 떨며 도와 달라는 신호를 보냈지만 누구도 도와 줄 수 없었다.

언니는 그렇게 매를 맞고 일어나지 못했다. 일주일 동안 아무것도 먹지 못하고 누워만 있었다. 한 달이 지나 상처는 거의 아물어 가는데도 언니는 일어나지 못했다. 곱던 얼굴은 점점 야위어 갔다. 약초를 구해다가 끓여 먹였지만 소용이 없었다. 그렇게 6개월이 지났을 무렵, 방에 누워 꼼짝을 못하던 언니는 결국 세상을 떠나고 말았다.

언니가 숨을 거둔 날 밤 아버지는 집을 나갔다. 어머니 말로는 친척들이 피신을 시켰다고 했다. 어머니는 딸을 잃은 슬픔도 추스르지 못하고 아버지가 떠난 가정을 살리기 위해 밤낮으로 일을 했다. 자야는 집에 혼자 남게 되었다. 그때부터 악몽이 시작되었다. 눈만 감으면 피 흘리며 손 내미는 언니가 나타났다. 밤이나 낮이나 피 묻은 나무 막대기를 휘두르며 자야에게 달려드는 환상에 시달렸다. 자야는 밖에도 나가지 못하고 사람 만나는 것을 무서워하는 사람으로 변했다.

자야가 라크나우 교회에 온 지 두어 달이 지났을 때부터 어머니는 아예 자야를 교회에 맡기고 일을 나갔다. 교회만은 자야를 믿고 맡길 수 있다는 생각이 들어서였을 것이다. 졸지에 교회는 정신이상자처럼 변해가는 자야를 떠맡게 되었다. 우리는 그런 기대를 저버리지 않으려고 애를 썼다. 무엇보다 기도를 많이 해 주었다.

그 후 다른 지역에 가서 개척 선교를 하고 있을 때였다. 라크나우 교회 목사에게 연락이 왔다. 교회 청년 중 한 명이 자야를 사랑하게 되었다는 것이다. 그녀의 어려운 사정을 알고 매일 기도해 주고 도와주던 형제였는데 그녀를 진심으로 사랑하게 되었다는 것이다. 그런데 놀라운 것은 청년의 사랑으로 자야가 점점 회복되고 있다는 것이었다. 지금은 다른 사람들과 어울리기도 하고 말도 곧잘 한다고 했다. 어쩌면 곧 결혼할지도 모른다며 웃음을 지었다.

자야가 정말 행복한 가정을 이루었으면 좋겠다. 미치지 않고는 살 수 없는 이 이상한 세상에서 사랑하며 사는 것이야말로 최고의 행복이라는 것을 자야가 보여 주길 간절히 빌어 본다.

축복을 나르는 천사

히따가 사는 에르와를 들르기로 했다. 사라이미라에서 50킬로미터쯤 떨어진 곳이니 4시간 정도만 운전하면 도착할 수 있는 거리였다. 아직 사역을 시작할 만한 여력이 없어 교회는 세우지 못했지만, 1년 전 예수 영화를 보고 여러 사람들이 복음에 관심을 보이는 곳이다. 아마도 히따를 보면서 복음에 더 관심을 갖게 되었을 것이다.

작년 이맘때였다. 에르와 근처에서 사역을 하고 집으로 돌아오는데 운전하던 사역자가 길을 잘못 들어서는 바람에 에르와 마을까지 가게 되었다. 다시 돌아가기에는 너무 많이 와버렸고 해도 저물어 그곳에서 하룻밤 묵고 가기로 했다. 동네 이장을 찾아가 사정을 얘기하니 선뜻 그렇게 하라며 자기 방을 내 주었다.

어디나 사는 형편이 열악한 것은 마찬가지였다. 먹을 것도 넉넉지 않고, 집이라고 해야 외양간과 별반 다르지 않았다. 그래도 이 사람들은 만족해했다. 열매 하나라도 더 거두려고 바짝 말라버린 밭에 나가 아침부터 저녁까지 일을 했다. 뜨거운 태양이 태워 버릴 듯 이글거리는 대낮에도 지칠 줄 모르고 일을 했다. 이곳 사람에게는 열심히 일하고 먹을수 있다는 건 행복이었다.

저녁 식사를 하고 있는데 옆에 앉은 사역자가 예수 영화를 상영하는것이 어떻겠느냐고 물었다. 이런 마을에 계획해서 오기도 어려운데 이왕 들어왔으니 한 번이라도 복음을 들려주자는 것이다. 좋은 생각인 것같아 식사 중에 이장의 의중을 떠 봤다. 그랬더니 흔쾌히 허락을 하는게 아닌가. 그는 마당에 있는 아이들을 불러 사람들에게 전갈을 하라고지시했다. 얼마 지나지 않아 장비가 채 설치되지도 않았는데 이웃들이몰려오기 시작했다. 70명가량이 좁은 마당에 콩나물 시루처럼 빼곡하게 들어앉아 영화를 관람했다.

그곳에 히따도 와 있었다. 히따는 귀신이 들려 정신이 오락가락하는아이였다. 정신이 온전할 때는 한없이 착하다가도 정신이 흐트러질 때는 소리를 지르며 입에 거품을 물고 온 동네를 휘젓고 다녔다. 부모들이나서서 고쳐보려고 했지만 아무 소용이 없었다. 다들 신의 저주를 받고있다고 생각했다. 그 집안의 불행이 자기들에게 미칠까 봐 누구도 가까이 하려 하지 않았다. 히따는 마을 사람들이 회피하는 오물과 같은 존재였다.

히따는 영화가 상영되는 동안 마당 한구석에 쪼그리고 앉아 있었다.

영화라는 것도 처음 보았지만 영화 속 인물들이 알아들을 수 있는 언어로 말을 하니 신기한 마음에서인지 영화 속으로 완전히 빠져 들었다. 두 시간 동안의 영화 상영은 성공적으로 끝났다. 현지인 사역자가 늘 하듯이 앞으로 나가 복음에 대해 더 설명하고 구원을 얻기 원하면 기도 해주겠다고 초청을 했다. 그러나 마당 가득 앉아 있던 사람들 중 앞으로 나오는 사람은 그리 많지 않았다. 몇몇 아이와 할머니 서너 명이 전부였다. 현지인 사역자들이 그들을 맡아 옆으로 데리고 갔다.

그때, 히따가 발작을 시작했다. 마당 구석에 앉아 있던 아이는 용수철처럼 튀어 오르며 짐승 울음소리 같은 괴성을 질렀다. 앞으로 뛰어 나오며 무슨 말인지 알아들을 수 없는 소리를 계속 질러댔다. 마을 사람들도 한밤중에 그런 일이 벌어지니 두려움에 휩싸이는 듯했다. 히따는 사람들 틈을 밀치며 우리 일행 앞으로 달려 왔다. 무슨 일이라도 벌어질 것 같았다.

갑작스런 돌발 상황에 이장이 일어서서 달려 나오는 히따를 제지했다. 아이의 손목을 잡고 뒤로 끌고 나가려고 했다. 그러나 얼마나 힘이 센지 오히려 이장이 히따에게 끌려가는 듯했다. 아이는 들짐승 같았다. 눈동자는 초점을 잃었고 입에서는 거품이 새어 나오고 있었다. 숨을 헐떡이며 얼굴을 찡그린 모습이 마치 먹이를 앞에 둔 맹수 같았다.

순식간에 마당은 아수라장이 되었고, 여기저기서 아이를 데리고 집으로 도망치는 사람들 때문에 한바탕 소동이 벌어졌다. 몇몇 어른들만 무슨 일이 벌어지는가 보려고 마당 주변에 빙 둘러 섰다. 그런데 우리를 덮칠 것처럼 달려 나오던 히따는 정작 우리 앞에 와서는 거친 숨만 내쉬며 서 있을 뿐이었다. 무슨 말을 할 것처럼 입술도 삐죽거렸지만 짐승 같은 소리를 내는 것 외에는 아무 말도 하지 않았다.

현지인 사역자가 긴장을 깨고 히따에게 다가가 손을 잡았다. 처음에는 반항하는 것처럼 몇 번 뿌리치더니 순순히 손을 맡겼다. 사역자는 다른 한 손을 히따의 머리에 얹고 기도하기 시작했다. 우리 일행은 히따를 빙 둘러 에워쌌다. 등과 어깨와 머리에 손을 얹고 기도하기 시작했다. 히따는 잠시 발버둥치며 기도하던 손을 뿌리치다가 몸에서 힘이 빠졌는지 땅바닥에 주저앉고 말았다. 예수 영화 속에 나오는 귀신 들린 사람이 잠잠해진 것처럼 순하게 변하는 것을 느낄 수 있었다.

마을 사람들은 긴장된 눈으로 우리의 움직임 하나하나를 살피고 있었다. 뭔가 이전에 보지 못했던 일이 벌어지고 있음을 직감했는지 누구도 우리 곁에 가까이 오지 않았다. 사역자들은 한 시간이 넘도록 히따를 위해 기도했다. 엉거주춤 주저앉았던 히따는 아예 땅에 눕고 말았다. 소식을 듣고 달려온 히따의 어머니는 딸의 몸을 꼭 껴안고 울기만 했다.

어느 순간이 되자 한바탕 폭풍이 지나간 듯 주변이 조용해졌다. 정신을 잃고 누워 있던 히따도 눈을 떴다. 이전의 히따가 아니었다. 아이는 그날 밤 완전히 새로운 사람이 되어 있었다.

온 동네가 이 일을 보며 다시금 소란스러워졌다. 이 사람 저 사람 이장네로 몰려와 아이를 고쳐 달라, 병든 노모를 고쳐 달라 아우성이었다. 어떤 사람들은 예수가 가장 능력 많은 신이니 사당을 만들어 모시자고 제안했다. 이장은 예수를 모셔야 마을에 화가 없을 것이라며 그 일을 위해 도와 달라고 우리에게 요청을 했다. 생각 같아서는 당장이라도 사역자를 보내 이들을 복음으로 양육하고 교회를 시작하고 싶었지만 그럴 여력이 없었다. 함께 사역하는 현지인 사역자들은 외부 지원이 없어 모두 자비량으로 생계를 잇고 있었다. 그러다 보니 낮에는 농사를 짓고 저녁 때 사람들을 모아 성경 공부를 했다. 그런데 이렇게 새로 개척하는 지역에서는 그런 생활마저 할 수가 없다. 그래서 사라이미라에서 사역하는 사역자가 한 달에 두 번씩 방문하여 예배를 드리고 성경 공부를 하기로 했다.

이 일이 있고 나서 이 마을은 가슴에 품고 기도하는 일 순위 개척 지역이 되었다. 이들의 영혼이 건강해지기를 기대하며 마을을 방문하곤 했다. 아픈 사람을 찾아가 기도해 주고 예배를 드렸다. 가정생활에 문제가 있는 사람은 현지인 사역자가 상담할 수 있도록 여건을 만들어 주기도 했다. 가난한 가정을 방문할 때는 헌 옷이라도 갖다 주면서 힘을 잃지 않도록 격려했다.

이렇게 마을을 방문할 때마다 히따를 꼭 만났다. 아이는 정상으로 돌아오고 나서 살도 찌고 몰라보게 좋아지고 있었다. 아이는 마을에 축복을 싣고 온 천사였다. 사람들에게 버림받았다가 살아 계신 하나님의 산 증거가 된 것이다. 히따를 변화시키신 분이라면 나에게도 기적을 주실 수 있다는 소망을 마을 사람들에게 심어 주었다. 히따는 마을에 교회가 세워지는 날을 기다리며 사역자들이 가르쳐 준 힌디 찬양을 마을 아이들에게 가르치고 있다. 마을의 골칫거리에서 보배가 되어 살아가는 히따는 왜 내가 이 길을 가야하는지에 대해 분명한 대답을 주었다.

3부 보이지 않는 세계가 더 넓다

아프리카 이야기

아프리카의 가장 큰 위협은 기근, 질병 그리고 이슬람이다. 우리 시야에서 멀리 떨어져 있는 사이 무슬림들은 막대한 자본력을 앞세워 활발한 포교를 펼치고 있다. 어쩌면 아프리카도 머지않아 완전한 이슬람 지역으로 변할지 모른다. 우리가 가만히 있을 수 없다.

세계는 영적인 공황, 독재, 가난, 질병

그리고 문맹과 같은 문제들로 가득 차 있다.

의사가 필요하다.

교사도, 선교사도 필요하다.

하지만 모두 충분치 않다.

누가 이 세계적인 문제를 해결할 수 있겠는가?

믿음의 군대, 바로 교회 안에 있는 성도들이다.

우리는 청중(Audience)에서 군사(Army)로 바뀌어야 한다.

소비자(Consumer)에서 기부자(Contributor)로,

구경꾼(Spectator)에서 참여자(Participant)로 바뀌어야 한다.

이것이 세계를 변화시킬 것이다.

이제 논쟁은 중단하고 행동할 때가 되었다.

－새들백교회 릭 워렌 목사의 설교 '때가 되었다(It is time)'에서

노래하는 마리아찐

마리아찐이라는 여자아이가 있다. 노래를 잘한다고 누군가가 옛날 유명 가수의 이름을 따서 이런 이름을 붙여 주었다고 한다. 소리가 얼마나 크고 청아한지 멀리서도 아이의 노랫소리가 들렸다.

그런데 아이의 부모는 알코올 중독이다. 야자나무 껍질을 벗겨 수액을 짜면 알코올 성분이 강한 액체를 얻을 수 있는데, 이것이 이 지역의 술이다. 하루도 거르지 않고 술을 마셔대며 온종일 풀어진 눈으로 어찌나 싸우는지 이 지역에서 아이의 부모를 모르는 사람이 없을 정도였다. 알코올 중독에다 매일 싸움만 하는 이들에게 누구도 일거리를 주지 않았다.

이런 그들이 주정뱅이 같은 생활을 청산한 것은 교회를 통해서였다. 딱한 사정 때문에 임시로 숙식을 제공한 것이 그들의 영구 거처가 되어

버렸다. 부모 없는 아이들이나 가난한 사람들은 교회에서 공동생활을 하며 농장을 일궈 함께 지냈다. 교회가 고아원 역할도 하고, 가난한 사람들을 위해 일거리도 제공하는 셈이다.

이들도 처음에는 잡초도 뽑고 밭일을 하며 잘 적응하는 듯 보였다. 그러나 한 달도 지나지 않아 옛날 습관이 살아나기 시작했다. 농장 안에 있는 야자나무에 죄다 구멍을 뚫어 수액을 뽑아 마시고 늘상 부부싸움으로 하루를 보냈다. 급기야 술에 절은 채 마리아찐에게까지 폭행을 하기에 이르렀다. 마리아찐이 숨 쉴 수 있는 유일한 곳은 교회였다. 새벽마다 거의 하루도 빠지지 않고 기도회에 나와 어두운 교회당에서 노래를 했다. 아이는 전기도 없어 칠흙같이 캄캄한 새벽을 가르며 노래를 불렀다. '예수만이 나의 힘, 예수만이 나의 소망입니다. 나의 길을 인도하소서……' 아이의 노래는 노래가 아니라 절규였다. 세상을 향해 '나를 살려 달라'고 부르짖는 처절하고 애절한 절규.

마리아찐에게 예수에 대해 더 알려 주고 싶었다. 예수가 왜 이 땅에 오셨는지, 세상의 가난한 죄인들을 왜 만나셨는지, 그리고 왜 십자가에 죽으시고 부활하셨는지 설명해 주었다. 성경책도 주고 싶었지만 아이는 글을 모른다. 교회 지도자의 한 명인 하디를 불러 마리아에게 일주일에 한 번씩 성경 이야기를 들려 주라고 부탁했다. 하디와 성경 공부를 하며 마리아찐은 눈에 띄게 영적으로 성장해 가고 있었다. 알코올 중독 부모를 떠나고픈 마음을 아직도 품고 있는지는 몰라도, 소망 가운데 삶의 안정을 찾아가고 있음이 확연하게 보일 정도였다.

여름에 보스톤에 있는 한인 교회 청년들이 이곳에 왔다. 여섯 박스가량 헌옷을 가지고 왔는데, 미국에 사는 사람들에게야 별 쓸모없는 옷일지 몰라도 이곳 사람들에게는 평생에 한번 받을까 말까한 엄청난 선물이었다. 이것을 나눠 주는 게 큰일이었다. 옷을 준다고 소문이 나면 인근 지역 사람들까지 모두 모여들 테고, 받은 사람과 받지 못한 사람들 간에 싸움이 일어날 가능성이 컸다. '양보를 하라'거나 '희생정신을 발휘하라'는 것은 이곳 사람들에겐 생각하기 힘든 개념이다. 오늘이 처음이자 마지막이라고 생각하는 하루살이 인생들에게 양보란 죽음을 의미했다. 고민 끝에 교회 지도자들의 주도하에 헌옷을 나누어 주기로 했다. 그 날짜도 미리 알려 주지 않고 아이들을 위한 프로그램을 진행하다가 갑자기 나누어 준다면 혼란이 덜 할 거라고 생각했다.

그러나 그것도 우리의 계산일 뿐이었다. 아이들 프로그램이 마치는 마지막 날 마지막 시간, 옷을 주기 위해 아이들에게 쿠폰을 나누어 주었다. 이 광경을 보고 누가 소문을 냈는지 온 동네 사람들이 불과 10여분 만에 교회로 몰려들었다. 이웃 동네 사람들까지 어떻게 소문을 들었는지 맨발로 뛰어 들어왔다. 사람들이 한꺼번에 몰리는 바람에 통제가 되지 않았다. 줄을 세우고 차례를 정하려 해도 역부족이었다. 이 혼란한 상황을 진정시키려 마리아찐에게 노래를 부탁했다.

마리아찐은 북과 나무 막대기 리듬에 맞추어 노래를 부르기 시작했다. 처음에는 밀치고 싸우는 사람들의 아우성에 묻혀 소리가 잘 들리지 않았다. 그런데 노래가 계속되면서 몇몇 사람들이 따라 부르기도 하고,

몇몇이 춤을 추기 시작하면서 사람들이 관심을 보이기 시작했다. 오직 옷 하나 잡는 것에 온 신경을 쓰던 사람들이 차츰 안정을 찾아 갔다. 현지인 사역자들이 질서를 잡아 가며 아이들부터 차근차근 옷을 나누어 주기 시작했다. 이따금씩 서로 먼저 받으려고 고성을 지르고 싸울 분위기로 치닫기도 했지만 그럴 때마다 사람들은 마리아찐의 노래를 따라 부르며 서로를 안정시켰다. 그렇게 해서 행사는 무사히 마무리될 수 있었다.

모두 돌아가고 교회당은 다시 정적이 감돌았다. 비가 억수같이 쏟아지기 시작했다. 뒷정리를 하고 교회 문을 나서는데 처마 밑에 서 있는 마리아찐이 보였다.

"집에 안 가니?"

마리아찐은 대답 대신 고개만 끄떡였다.

"오늘 수고했다. 고맙다. 옷은 받았니?"

마리아찐은 묵묵히 고개만 가로저었다.

그러고 생각해 보니 마리아찐에게는 아무것도 주지 못한 것 같았다. 남들이 옷을 받는 동안 노래를 부르느라 아이에게는 아무것도 돌아간 것이 없었다.

"그럼, 내가 다른 것이라도 찾아서 줄게. 기다려!"

교회 안으로 다시 들어가려는데 마리아찐이 손사래를 쳤다. 하루 종일 노래 부르느라 힘이 들었을 텐데도 지친 기색이 아니었다. 하얀 이를 드러내며 마리아찐은 해맑은 표정으로 말했다.

"예수!"

그리고는 손가락으로 십자가를 만들었다.

마리아찐은 노래를 흥얼대며 폭포수처럼 쏟아지는 비를 맞고 천천히 집을 향해 걸어갔다. 오늘에서야 아이를 웃게 만드는 것이 있음을 알았다. 그것은 우리가 갖다 주는 옷이 아니었다. 알코올 중독 부모에다 그 부모에게 받는 학대, 그리고 희망이라곤 보이지 않는 미래……. 사춘기 소녀 마리아찐에게는 좌절할 수 있는 환경인데도 아이를 웃게 하는 것, 그것은 다름 아닌 예수였다. 모든 이들에게 행복을 주는 한 분, 그분은 아프리카에 사는 이 작은 소녀까지도 웃게 만들고 있었다.

행복을 아는 사람들

선교사님의 치료차 잠시 한국에 온 사모님을 만나기로 했다. 수수한 차림의 사모님은 바람이 불면 날아갈 것같이 야윈 모습이었다.

"선교사 사모가 이렇게 처량하게 보여서 은혜가 안 되겠지요?"

몸을 앞으로 내밀어야만 알아들을 수 있는 작은 목소리였다.

"선교지에 가서 처음으로 들었던 싫은 단어가 뭔지 아세요? IMF라는 거예요."

사모님은 웃었다. 그러나 우는 것 같았다.

"정착도 안 된 상태에서 IMF라는 시련이 왔어요. 아직 준비도 안 되어 있던 때라 상당히 혼란을 겪었지요."

사모님은 십여 년이 지난 일을 어제 일처럼 선명하게 기억했다.

그들 부부가 선교지로 떠난 것은 그리 어려운 결정이 아니었다. 국내에서 사역하는 동안에도 많은 선교지를 방문했고, 또 여러 선교사들을 돕던 그들이었다. 선교지에 도착하여 그동안 보고 배운 대로 현지인들을 헌신적으로 섬겼다. 때로 사람들에게 상처를 주고 실족하게 하는 일이 생긴다는 것도 잘 알고 있었다. 프로젝트를 성공하기 위해 벌인 일이 때로 영혼을 죽이는 결과로 나타나는 것을 보며 나름대로 각오도 했다. 그런 실수를 범하지 않으려고 큰 프로젝트도 자제했고, 눈에 보이는 결과보다 사람의 마음을 얻는 데 집중했다. 그러면서 그들의 삶의 언어를 배워 나갔다.

그런데 한국에서 IMF라는 소리가 들려왔다. 그때는 낯선 그 단어가 목을 조르게 될 줄 몰랐다. 얼마 안 되어 후원 교회에서 연락이 왔다. 교회 형편이 어려우니 당분간 후원을 중단하겠다는 통보였다. 다른 교회에서도 비슷한 통보를 해 왔다. 마치 약속이나 한 것처럼 동시에 그런 통보들이 몇 군데에서 날아왔다. 개인 후원자들도 하나 둘 후원을 중단했다. 보급로가 차단된 채 싸워야 하는 최전선 병사들 같은 처지가 되고만 것이다. 선교 본부에서도 상황이 많이 안 좋으니 철수해도 좋다는 공문을 보내 왔다. 하지만 부부는 선교지에서 이 시련을 어떻게든 넘고 싶었다. 가지고 있던 비상금을 털었지만 그것도 얼마 지나지 않아 동이 났다. 이삿짐으로 실려 온 물건들도 하나 둘씩 팔았다. 몇 안되는 옷들도 정리했다. 컴퓨터와 카메라도 팔았다. 그것으로도 부족했다.

무슨 일이든 해야 했다. 공사장을 찾아갔다. 그러나 현지인의 노동력을 따라가기도 어려울 뿐 아니라 외국인이기에 당연히 해 줘야 할 일로 생각하는 것이었다. 결국 식량도 떨어지고 수중에 돈 한 푼 없는 거지가 되고 말았다. 본국으로 돌아가려 해도 차비가 없어 갈 수 없는 처지였다. 빠져 나갈 길 없는 막다른 골목이었다.

그러던 어느 날, 마케나라는 여인이 찾아왔다. 우리가 이곳에 처음 도착했을 즈음 아이를 출산한 젊은 엄마다. 가지고 있던 아이 옷 몇 벌을 주었더니 천하를 얻은 것처럼 기뻐하던 그녀는, 아이를 데리고 처음 나들이 하면서 잘 맞지도 않는 큼지막한 옷을 갓난아이에게 입혀 부부를 찾아 왔었다. 그녀의 손에는 이곳 사람들의 주식인 '카사바'가 새카맣게 때가 낀 쟁반에 들려 있었다.

"요즘 돈이 없어서 식사를 못 하신다고 들었어요. 이거라도 드세요."

눈물이 핑 돌았다. 예전 같으면 누가 그런 소문을 내고 다니냐고, 왜 우리를 이렇게 부끄럽게 만드냐고 따졌을 텐데 그런 자존심도 다 깨진 상태였다. 이미 마을 사람들도 다 알고 있다는 것이 놀라울 뿐이었다.

그로부터 며칠이 지나지 않아 거의 모든 동네 사람들이 선교사 가정을 다녀갔다. 어떤 이는 그들이 입던 다 헤어지고 낡은 옷을 놓고 갔다. 어떤 이는 보기만 해도 비위가 상할 것 같은 이상한 음식을 정성스레 만들어 왔다. IMF는 부부를 비참하게 만든 주범이었지만 그로 인해 사람들 앞에 가장 낮아지게 만든 계기가 되기도 했다. 부부는 그들과 산에 가서 동물도 잡아오고, 들판의 나무뿌리를 뽑아다가 음식을 만들며 어려운 때를 이겨 내고 있었다.

그렇게 몇 년이 지나 차츰 사역이 뿌리를 내리고 교회가 개척되어 마을 사람들이 모이기 시작했다. 그때 본국의 한 교회에서 단기 선교팀을 보내겠다는 연락이 왔다. 처음으로 맞이하는 선교팀이었지만 무엇을 할까에 대한 염려보다 온다는 것 자체가 힘이 되었다. 부부는 팀과 같이 할 수 있는 일들을 계획하고 준비했다. 선교팀에 의사가 두 명 있다기에 서너 군데 마을에서 의료 활동도 계획했다.

2주간의 단기 선교는 기대한 것보다 훨씬 성과가 있었다. 방문하는 곳마다 극진한 환영을 받았고, 선교팀원들도 겸손하게 현지인들을 잘 섬겨 주었다. 의사들은 환자들을 치료하느라 한숨도 자지 못할 정도로 애를 썼다. 그러다 보니 현지인이나 선교팀 사람들 모두 정이 들어 헤어지는 것이 큰 고역이었다. 떠나는 날, 모두가 뒤엉켜 우느라 시간이 많이 지체되었다. 팀을 이끌던 장로님이 그동안 통역을 도와 주던 현지인 사역자에게 작은 선물이나마 하고 싶다며 갖고 있던 노트북을 주어도 되느냐고 조용히 물었다. 선교사님은 그렇게 하라고 쾌히 승낙했다. 사모님은 괜스레 속상해졌다. '선교사님도 컴퓨터가 없는데…….' 그러나 그 마음을 표현할 수는 없었다.

팀이 떠난 후, 선교사님은 마음을 다 읽고 있었다는 듯 사모님에게 말했다.

"우리는 하나님이 직접 공급해 주시잖아."

그 다음에 온 팀은 현지인 전도사가 복음을 전하러 다니려면 오토바이가 있어야 한다니까 중고 오토바이를 사 주었다. 선교사님은 자전거

도 없어 걸어 다니며 사역을 하던 때였다. 그때도 선교사님은

"그분들이 안 사주면 우리가 사 줘야 하는데 얼마나 감사한 일이야."

하며 좋아하셨다.

사모님은 아직도 인간적인 마음이 드는 자신이 실망스럽다며 겸연쩍어했다. 그러나 그 얼굴은 이미 세상을 초월한 사람의 얼굴이었다. 속으로 품고 있으면서 아닌 체하는 사람들과 분명 달랐다.

"오랜만에 선교지를 떠나오니까 길 잃은 어린아이 같은 심정이에요. 우리가 유명한 사람들도 아니라서 갈 곳도 많지 않고요. 선교사님 치료만 끝나면 빨리 선교지로 가고 싶어요."

어쩌면 이 땅에 있는 고향은 잃어버렸는지 모른다. 하지만 우리 모두에게는 돌아갈 본향이 있지 않느냐는 사모님.

"아, 그리고 지난번에 오실 때 사 오셨던 한국 과자 정말 맛있었어요. 우리 둘만 꼭꼭 숨겨놓고 먹으라고 하셔서 그러려고 했는데 폴 전도사에게 들키고 말았어요. 그래서 같이 먹었어요. 괜찮죠?"

사모님은 큰 소리로 웃었다. 손에 쥐어졌던 과자 하나에 그렇게 행복해하는 사모님이었다. 결국은 다 나누어 주고, 자기가 누리고 가져야 할 것도 다 빼앗기고 살아가는 이들이지만 뭔가 다른 행복의 비밀을 간직한 무명의 사역자들. 그들은 참 행복이 뭔지 아는 사람들이었다.

심장에 고인 피로 사랑을 기록한 이들

내가 가는 이 길이 진짜 맞는 길인지 의심이 들 때가 있다. 복음이 전해지지 않은 곳마다 찾아다니며 영혼 구원하는 일을 왜 나같이 부족한 사람이 하고 있는지, 혼자 발버둥친다고 무슨 변화가 일어날지 의심될 때가 있다. 아무리 애를 써도 누구 한 사람 돌아봐 주지 않을 때, 내가 가진 모든 것을 쏟아 부었지만 매몰차게 예수를 걷어차고 돌아서는 사람들을 만날 때 이런 회의감은 절정에 달한다. 이름도 없이 빛도 없이 이 길을 간다지만 인간적으로 너무 힘든 길이다.

어떻게 보면 선교사를 힘들게 하는 것은 입에 맞지 않는 음식이나 태양이 이글거리는 사막의 모래바람이 아니다. 이것보다 더 힘들게 하는 것은 '나' 자신이다. 나는 지금까지도 '나'와의 싸움을 계속한다. 싸우다 지치면 심한 외로움과 고독감에 휩싸인다. 그럴 때마다 찾아가는 곳이 몇 군데 있다. 그중의 한 곳이 돌아가신 CCC 창설자 빌 브라이트 박사님이 생전에 사용하시던 집무실이다. 예수님을 뜨겁게 사랑한 빌 브라이트. 그는 여러 면에서 나의 영적인 멘토이다. 그는 자신을 일컬어 '노예'라 표현했다. 주님께 쓰임받는 영적인 노예라는 의미다. 보통 우리는 주의 '종'이라는 표현을 많이 사용하는데, 그는 종이라는 단어마저 과분하다며 모든 사람들이 예수님을 위해 살 수 있도록 돕는 것이 자신을 향한 주님의 뜻임을 확신하며 복음 전파에 매진했다.

CCC 사무실 가장 높은 곳에 있는 전 세계 중보 기도실도 자주 찾는 곳 중의 하나다. 세계 곳곳에서 날아온 기도 제목을 하나하나 읽어 내려가다 보면 나와 같은 동역자들의 심장 소리를 듣는 것 같다. 그들을 위해 기도하면 다시 힘이 나고 의욕이 솟아나곤 한다.

마지막으로 '믿음의 전당'이라고 이름 붙여진 순교자 기념벽도 곧잘 찾는 곳이다. 복음을 전하다가 죽임을 당한 선교사들의 이름이 한 면 가득 붙어 있는 곳인데, 기념벽 제일 왼편에 '존 아룰루'라는 이름을 볼 수 있다. 존 아룰루는 우간다 사람으로, 많은 아이들에게 존경받는 고등학교 교장 선생님이었다. 아이들을 가르치는 것도 중요하지만 우간다 민족을 위해 더 중요한 일을 해야겠다는 사명감 때문에 그는 교장직을 내려놓고 전임 사역자로 헌신했다. 그는 우간다 '이테소(Iteso)' 언어를 쓰는 자기 민족에게 복음을 전하겠다며 예수 영화의 번역을 주도했다.

영화 〈예수〉는 누가복음 전체를 중심으로 제작한 것이기에 먼저 성경을 번역한 후 그것을 영화에 맞게 대사로 만들어야 한다. 존이 그 모든 작업을 주도하여 마무리했다. 그리고 직접 예수의 목소리를 녹음했다. 그는 곧 자기 민족이 모국어로 복음을 들을 수 있을 거라는 기대감에 하루하루를 흥분 속에 보내고 있었다. 주요 배역들의 녹음이 거의 마무리되고 여러 조연들의 녹음만 남겨놓은 때였다. 비록 비중은 적더라도 이테소 언어를 할 줄 아는 사람들이 여럿 필요했다. 제대로 이테소 언어를 발음하는 성우를 찾기 위해서는 고향 마을로 가야 했다. 그런데 문제는 최근 그 지역에 게릴라들이 자주 출몰한다는 점이다. 그렇다고 정처 없이 시간만 끌 수는 없었다. 지금 이 일을 끝내지 않으면 다시 기회가 없을지도 모른다며 그는 길을 나섰다.

고향 인근 마을을 다니며 성우로 도와 줄 사람들을 찾았다. 성우를 찾는 일은 그리 어렵지 않아 곧 적당한 사람들을 모을 수 있었다. 그들과 녹음 작업을 하러 도시로 향했다. 그런데 가는 도중 길옆에 숨어 있던 일단의 게릴라들을 만나게 되었다. 게릴라들은 존 일행의 차에 자동소총을 난사하기 시작했다. 일행 중 한 사람은 총탄이 머리를 관통하는 바람에 그 자리에서 즉사했다. 젊은 여인은 다리에 총을 맞고 피를 흘리기 시작했다. 갑작스러운 일에 모두 어찌할 바를 모르고 비명만 지르고 있었다.

존은 모두에게 몸을 숙이라고 소리친 후 전속력으로 차를 몰기 시작했다. 게릴라들도 사격을 멈추지 않았다. 빗발치는 총탄에 바퀴는 모두 터져 차가 휘청거렸다. 바퀴 축만 남아 덜컹거리는데도 존은 차를 멈추지 않았다. 앞 유리창은 총탄에 맞아 다 깨졌고, 양쪽 차체도 총탄으로 여기저기 구멍이 뚫렸다.

그렇게 얼마를 달렸는지 총소리는 멈추고 주위는 고요해졌다. 차 뒷좌석에 타고 있던 사람들이 하나 둘 고개를 들었다. 차 안에는 피가 낭자했고 차체도 제 모습이 아니었다. 운전석을 보니 존이 쓰러져 있었다. 운전하면서 가슴에 총을 맞은 것이다. 급히 인근 병원을 찾았다. 다리에 총을 맞은 여인은 응급실로 옮기고 존은 수술실로 옮겼다. 가슴에 총을 맞고 그 극심한 고통에 어떻게 운전을 했는지 이해가 안 된다고 의사들이 입을 모았다. 병원 복도 옆에서 침대를 지키고 있던 동역자에게 존은 마지막 부탁을 했다.

"아브라함, 이 작업을 중단하지 말게. 우간다에는 이 영화가 필요하네. 이것을 통해 우리 민족에게 예수가 전해져야 하네."

이미 많은 피를 흘린 그는 수술을 준비하는 동안 숨을 거두고 말았다.

존 아룰루가 죽고 난 다음 해에 영화 〈예수〉는 우간다 '이테소' 언어로 만들어졌다. 영화는 그가 교장으로 있던 고등학교에서 처음으로 상영되었다. 그를 아는 사람들은 존 아룰루의 목소리를 들으며 눈물을 흘렸다. 사람들은 예수의 목소리로 살아난 존이 천국에서 자기를 부르는 것 같다고 했다. 존은 이 세상에 없지만 그의 목소리는 지금도 남아 이테소 사람들에게 사랑을 이야기하고 있다. 십자가에서 물과 피를 쏟고 돌아가신 예수님이 지금도 우리에게 사랑의 메시지를 전하고 계신 것처럼.

"이 작업을 중단하지 말게. 우간다에는 이 영화가 필요하네.
이것을 통해 우리 민족에게 예수가 전해져야 하네."

쓰레기 더미 위의 시체들

13년 전만 해도 모잠비크는 생소한 나라였다. 솔직히 우리 팀의 디렉터인 마이크가 그곳을 돕자고 얘기하기 전까지 그 나라가 어디 있는지조차 잘 몰랐다. 아프리카 어딘가에 있을 거라고 막연히 생각했을 뿐이다. 모잠비크에는 복음을 들어 보지 못한 미전도종족이 많이 있다. 지리적으로 오지이기 때문이기도 하지만 무엇보다 백인에 대한 저항감이 서구 교회의 지원을 막고 있었다. 사실 모잠비크는 포르투갈의 식민지를 겪으며 많은 착취를 당했다. 때문에 백인에 대해 호의적이지 않다. 그래서 마이크는 나와 같은 동양 사람들이 이런 나라를 선교하는 데 앞장서 주면 좋겠다는 생각이었다. 이런 마이크의 제안으로 지구 반대편 끝에 있는 모잠비크로 날아갔다.

수도 마푸토는 유럽풍 건물들이 곳곳에 눈에 띄는 아름다운 곳이었다. 아프리카 도시치고는 살기에 큰 어려움이 없을 것 같은 느낌이었다. 사람들도 친절하고, 듣기와는 다르게 외국인에 대한 적대감도 별로 느껴지지 않았다. 바닷가에는 미국 어느 휴양지에서나 볼 수 있을 초호화 리조트가 줄지어 서 있고, 쇼핑센터도 구색을 갖추고 있었다. 시내 중심가를 둘러보며 이렇게 안정되고 여유 있게 살아가는 나라를, 지구 반대편까지 와서 굳이 도울 필요가 있을까 의문이 들었다. 현지인 사역자가 날이 밝으면 정글 지역으로 들어가게 될 테니 준비하라고 연락을 해 왔다. 수도 마푸토에 이틀 동안 머문 것은 현지에 적응하도록 배려한 것이었다고 설명했다.

다음 날, 현지인 사역자는 미제 지프차를 빌려 왔다. 미국에서는 레크리에이션용으로 바위산을 올라가는 데 쓰는 바퀴가 큰 지프차였다. 30분쯤 달리자 도시의 집들은 점점 사라지고 길옆으로 아프리카 정글 고유의 모습이 드러나기 시작했다. 포장되지 않은 길을 달리는 지프차는 사정없이 흔들렸지만 양 옆으로 푸른 정글을 보는 것만으로도 그런 불편함은 충분히 견딜 수 있었다.

그렇게 얼마를 달렸을까. 아무것도 없던 정글 한가운데에 어마어마한 쓰레기 더미가 쌓여 있는 축구장만 한 공터가 나타났다. 그런데 그 쓰레기 더미 위에 시체가 나뒹굴고 있는 게 아닌가! 하나도 아니고 족히 열 구도 넘는 시체가 아무렇게나 버려져 있었다. 현지인 사역자에게 급히 차를 세우라고 소리쳤다. 더운 날씨에 쓰레기는 엄청난 악취를 풍기며 썩고 있었지만 나는 그 시체들을 확인하고 싶었다.

"저기 시체를 보세요. 어떻게 시체를 쓰레기와 함께 버린답니까?"

사역자는 내가 가리키는 쓰레기 더미로 눈을 돌렸다.

"시체가 어디 있는데요?"

"저기 쓰레기 더미 위에 있고, 저 옆에도 있고, 저기도, 저기도……."

나는 시체들을 하나하나 가리켰다. 그러자 현지인 사역자는 좀 민망했는지 고개를 돌리지도 못하고 입을 열었다.

"저것들은 시체가 아니고요, 살아 있는 사람입니다."

"시체가 아니라고요? 아니, 살아 있는 사람이 왜 저렇게 쓰레기 더미에 엎어져 있는 거지요?"

"저 사람들은 먹을 것을 찾고 있는 겁니다. 도시를 벗어나면 모든 사람들이 다 가난해요. 저들은 대부분 아이들일 텐데 집에 먹을 것이 없으니까 쓰레기라도 뒤지려고 나온 겁니다. 저 쓰레기 더미는 도시에서 버린 것이어서 잘만 찾으면 먹을 게 조금씩 나오나 봐요."

가슴을 커다란 망치로 내리치는 것 같았다. 어떻게 한 나라의 풍경이 이렇게 다를 수 있을까? 도시와 거리가 얼마나 떨어져 있다고 천국 옆에 갑자기 이런 지옥이 있단 말인가.

썩어가는 쓰레기의 악취도 악취거니와 음식이 있다 해도 대부분 상한 것일 텐데 그런 것이라도 먹고 배를 채워야 하는 이 나라 아이들의 현실이 믿기지가 않았다.

"정글에서는 가축이라도 키우며 살아갈 수 있을 텐데 도시로 무작정 몰려오기 때문에 저런 사람들이 늘고 있어요. 사실 저런 사람들이 도시에도 많습니다. 도시의 화려한 건물에 가려 보이지 않을 뿐이지요."

그랬다. 하루에 수백 달러씩 하는 리조트에서 휴가를 즐기는 사람들이나 바다가 내려다보이는 절벽 위의 아름다운 집들은 진짜가 아니었다. 화장품과 향수가 진열대를 채운 백화점, 줄을 서서 기다려야 하는 최고급 중국 식당……. 내가 본 것들은 영화의 세트장 같은 것이고, 쓰레기 더미의 널브러진 아이들이 이 나라의 진짜 모습이었다.

대충 둘러보고 가겠다던 생각이 바뀌었다. 마음이 급해지기 시작했다. 도와 달라는 잃어버린 영혼들의 외침이 들리는 듯했다. 지구상에 존재하는지도 몰랐던 이 나라 사람들도 오랜 세월 목청껏 소리쳐 도움을 청했을 것이다. 그러나 우리는 관심이 없어 이들의 절규를 듣지 못했던 것이다. 이들을 보며 확인할 수 있었다. 가 보지 못하는 세계가 훨씬 넓다는 것을. 세계 명소를 따라 도는 해외여행 한 번으로 세상을 전부 안다고 생각하는 것이 얼마나 큰 착각인지를. 보이지 않는 세계가 훨씬 더 넓다는 것을 우리는 미처 모르고 살아온 것이다.

쓰레기 더미 위의 아이들을 보고 돌아와 그 지역에서 사역을 시작하기로 했다. 같은 언어권인 브라질 한인 청년들에게 부탁하여 개척 선교를 시작했다. 브라질 젊은이 네 명이 선교사로 가겠다고 헌신했다. 도시뿐만 아니라 정글 지역의 종족들에게도 복음을 전하기 위해 현지인 사역자 훈련 센터도 세웠다. 북쪽으로 서쪽으로 잃어버린 영혼을 찾아 계속 사역지를 개척해 나가고 있다. 영적으로 깨우고, 육적으로 먹이는 사역을 계속 해 나가야 할 곳이었다.

우리와 얼굴이 똑같네요!

차는 정글로 점점 깊숙이 들어가고 있었다. 반나절쯤 되자 정글 속에 있는 작은 마을에 도착할 수 있었다. 현지인 사역자가 마을 주민들과 이야기하는 사이 동네 아이들이 몰려와 둥그렇게 나를 에워쌌다. 왕방울만 한 눈으로 뚫어져라 살피는 모습이 마치 동물원 원숭이를 구경하는 듯했다. 몇몇 아이들만이 다 해어진 티셔츠를 입고 있고 대부분은 아예 벗은 몸이었다. 하나같이 씻는 것과는 담을 쌓고 지내는지 파리들이 윙윙거리며 아이들 몸에 달라붙었다. 얼굴에 붙은 파리를 쫓을 생각도 않는 아이들.

대여섯 살 돼 보이는 아이에게 다가갔다.

"후잠보?(안녕?)"

손을 내밀며 인사를 청하자 긴장했던 아이의 얼굴에 미소가 돌며 스

"후잠보?(안녕?)"
손을 내밀어 인사를 청하자 긴장했던 아이의 얼굴에 미소가 돌았다.

와힐리 어로 떠들기 시작했다. 몇 걸음 떨어져 사태를 관망하던 아이들도 슬그머니 내 쪽으로 모여들었다. 그리고 와글와글 떠들기 시작했다. 많은 흑인을 보았지만 이렇게까지 윤이 나는 까만 피부는 처음이었다.

이 동네는 현지인 사역자가 1년 전부터 들어와 사역을 시작한 곳이다. 촌장이 예수를 믿은 후 선교 사역을 허락해 주었다. 그러나 아직 교회를 시작할 만한 형편도 안 되고 누군가 상주할 여건은 더더욱 안 되어, 한 달에 한 번씩 찾아와 성경 공부를 도와 주는 정도였다.

촌장은 우리를 집으로 초청해 극진한 대접을 해 주었다. 언제 준비했는지 이 지역에서 가장 귀한 음식이라는 굼벵이처럼 생긴 벌레 요리도 대접해 주었다. 밤새도록 대화가 이어졌다. 촌장은 내 피부가 너무 하얗다며 수십 번도 더 만지고 비벼댔다. 하얀(?) 피부 덕에 나는 주민들의 부러움을 한 몸에 받는 유명 스타가 되고 말았다.

다음 날, 우리는 다른 마을을 향해 길을 나섰다. 마을을 벗어나자 이제는 아예 길조차 없었다. 특수 제작된 커다란 바퀴 달린 지프차가 아니면 다닐 수 없는 길. 지프차는 비포장도로를 달릴 때보다 더 요동치며 신나게 수풀 속을 달렸다. 수풀은 억새풀처럼 날카로워 살짝 스치기만 해도 피부에 상처가 나고 피가 났다. 나는 수풀을 피하느라 정신이 하나도 없었다. 이번에는 먼지와의 싸움이 아니라 수풀과의 싸움이었다.

식사도 잊은 채 몇 시간을 달려 또 다른 마을에 도착했다. 이곳 마을 사람들의 환영은 더 뜨거웠다. 몇몇 사람은 동구 밖까지 나와 노래를 부르며 춤을 추기도 했다. 이곳에서 하룻밤 묵고 다음 날 예배드릴 거라고 사역자가 귀띔해 주었다. 이런 지역에까지 들어와 복음을 전하는, 그야말로 이름도 빛도 없이 수고하는 이들이 있는 한 이 민족에게는 소망이 있다.

다음 날, 동네 어귀에 있는 교회당에 갔다. 최근 신축한 교회당이라기에 콘크리트 건물에 멋진 페인트칠을 한 건물은 아니겠지만 그래도 번듯한 건물을 기대했다. 그러나 지푸라기로 얼기설기 엮어 지붕만 덩그러니 세운 한국의 원두막과 비슷했다.

예배 시간이 다가오자 마을 사람들이 삼삼오오 교회당으로 몰려오기 시작했다. 외부 세계에서 하얀 피부의 사람이 왔다는 소문이 퍼졌는지 그동안 교회를 나오지 않던 사람들도 구경하는 마음으로 오는 것 같았다. 좁은 교회당 안은 발 디딜 틈도 없이 주민들로 가득 찼다. 누군가가 스와힐리 어로 찬양을 선창했다. 그에 맞추어 사람들도 따라 불렀다. 노래의 템포가 빨라지며 박수 소리도 커졌다. 여기저기서 하나 둘 일어나더니 거의 모든 사람들이 일어나 춤을 추기 시작했다. 흙바닥인 교회당 안은 아프리카 전통 리듬에 맞춘 찬양과 박수 소리, 그리고 독특한 엉덩이 댄스로 열기가 뜨거워지기 시작했다. 한 곡이 끝나자 곧바로 다음 곡이 시작되었다. 선창을 하면 모두 따라하고, 손뼉을 치고, 일어서서 발을 구르며, 엉덩이를 흔드는 춤으로 이어지는 패턴이 모든 곡마다 비슷했다.

그런 찬양의 시간이 두 시간 동안 계속되었다. 그 시간에 나는 교회당 맨 앞자리에 마련된 플라스틱 의자에 앉아 있었다. 그들의 뜨거운 축제 속에 뛰어들고 싶었지만 문화적으로 그래도 되는지 몰라 한국식 목사의 자세를 애써 유지하고 있었다. 모두가 숨을 고르며 자리에 앉았을 때 현지인 사역자가 나를 소개했다. 소개하는 어느 대목에 이르렀을 때 교회당 안의 모든 이들은 와~하고 소리를 질렀다. 오늘 참석한 이들에게 쌀 한 가마니씩 준다고 소개하지 않았기를 바라며 씩 웃어 넘겼다. 설교를 했다. 말이 설교이지 전도 훈련이었다. 구원의 확신을 심어 주고 예수께서 우리에게 주신 가장 귀한 특권은 복음을 전하는 것임을 강조했다.

예배는 거의 네 시간 반이 지나서야 끝이 났다. 그래도 성도들의 얼굴에는 지루함이나 짜증이 전혀 보이지 않았다. 오히려 아쉬워한다고 해야 할 정도였다. 그도 그럴것이 보통 다섯 시간 정도 예배를 드린다고 한다. 예배 시간에 찬양과 설교만 하는 것이 아니라 살면서 겪는 어려운 문제, 고민, 또 그것을 해결하신 주님의 역사 등을 간증하며 살아 있는 말씀의 증거를 나눈다. 그래서 예배는 신앙 활동뿐 아니라 인생의 문제를 서로 해결해 주고 돕는 나눔의 시간이 되기도 했다.

예배가 끝나고 나무 그늘 밑으로 나와 성도들과 인사를 나누었다. 한 사람 한 사람 손을 잡고 축복해 주는 것이 여간 힘든 일이 아니었다. 드디어 줄 맨 끝에 서 있던 성도의 차례였다. 그녀는 이전에 알던 사람을 만난 것만큼이나 반갑게 인사했다. 그리고는 기어코 나와 개인적인 대화를 하고 싶다며 예배당 귀퉁이로 끌고 갔다. 그런데 막상 자리에 앉으니 내가 아닌 통역했던 현지인 사역자에게 이야기를 털어 놓기 시작했다. 두 사람은 웃다가 울다가를 반복하며 오랜 시간을 보냈다.

그녀의 이야기를 정리하면 이랬다. 그녀의 남편은 오래전에 사냥 갔다가 짐승에게 물려 세상을 떠나고 말았다. 두 아들과 홀로 남겨진 그녀는 고통의 나날을 보낼 수밖에 없었다. 그러다가 마을에 교회가 세워지고, 한 달에 한 번씩 예배드릴 때 그녀는 교회를 찾았다. 하지만 시간이 지나자 과부라는 이유로 많은 여인들의 경계 대상이 되고 말았다. 교회도 그녀의 안식처가 되어 주지 못했다. 그래서 한동안 교회를 나오지 못하고 있었다.

그런데 오늘 하얀 피부의 외국인이 온다는 소문을 들었다. 마을 축제처럼 거의 모든 주민들이 교회로 몰려 나왔다. 그녀도 그들 속에 끼어 교회로 나왔다. 사람들이 자신을 알아보고 쫓아낼지도 모른다는 두려움에 교회당 안으로 들어가지도 못하고 외국인의 얼굴이나 한번 보고 갈 겸 먼발치에서 구경하고 있었다.

외국인 설교자는 사마리아 여인이 예수님을 만난 이야기를 하기 시작했다. 마을 사람들에게 배척당하는 사마리아 여인의 처지가 자기와 너무 닮아 있었다. 그녀는 사마리아 여인이 예수님을 만나 영생을 얻는 장면에서 한 가닥 소망을 보았다. 자기도 영생을 얻을 자격이 있다는 생각이 들었다. 나를 받아 주고 사랑해 줄 분이 있다는 설교자의 도전에 그녀는 눈물을 흘렸다. 그리고 예수를 믿기로 작정했다.

그녀는 눈물을 흘리면서도 함박웃음을 지었다.

"우리는 천국에 같이 갈 수 있어요."

나는 다시 한 번 힘주어 말했다. 그녀는 현지인 사역자가 와서 인도하는 월례 성경 공부 시간에도 참석하기로 약속했다. 그녀는 이 세상을 다 얻은 사람처럼 좋아하며 고맙다는 말을 수십 번도 더 하고 돌아갔다. 그러면서 한 마디를 더했다.

"나는 한국 사람을 생전 처음 보는데요, 한국 사람도 나와 얼굴이 똑같이 생겼네요."

이 말이 욕인지 칭찬인지 잠시 헷갈렸다. 그러나 한 가지 분명한 것은 백인에게든, 흑인에게든, 중동인에게든, 남미인에게든 우리는 친근감을 주는 독특한 민족이라는 것이다. 그리고 얼굴이 하얗든 검든 함께 하나님의 사랑을 받고 그 감격에 울 수 있는, 얼굴이 똑같은 형제자매라는 것이다.

내 몸의 일부가 이 땅에 묻혀 있는 동안

아프리카에는 아직 복음을 듣지 못한 종족이 많다. 교회가 없는 마을도 많다. 아프리카의 심각한 문제 가운데 하나는 급속한 이슬람의 전파다. 아랍 국가들의 지원을 받는 무슬림에 의해 이슬람이 크게 확산되고 있어 조만간 아프리카는 이슬람 지역으로 변할 것이라는 조심스런 우려도 그래서 나오고 있다. 일부 지역의 경우 아프리카 토속 신앙과 뒤섞여 이른바 '민속 이슬람'이라는 형태로 번져 나가기도 한다.

기독교는 활발했던 지역에서도 그 자취를 찾기 힘들 정도로 약해지고 있다. 아프리카에 기독교 선교의 역사가 오래되었음에도 이렇게 그 세가 약해진 것은 서구 강대국의 식민지 정책과 함께 복음이 전해진 것이 하나의 원인이다. 아프리카 민족들에게 기독교는 강자의 종교였다. 그러나 이슬람은 약자들을 도우며 선교했다. 많은 아프리카 민족들이 그렇게 접근해 오는 이슬람을 반대할 리 없었다. 일단 이슬람이 확산되면 정치 세력화하여 이슬람 정권을 세우는 것이 순서였다. 그 단계까지 이르면 그 다음부터는 이슬람의 원리대로 나라를 통치하고 사회 체제를 바꾸어 버린다.

한국 교회 관심 저편에 있는 이 아프리카 개척 선교를 포기할 수 없는 데에는 이런 위기감도 작용했다. 교회가 없는 마을에 복음을 전하고 최소한 현지인 중심의 교회 개척 운동을 시작하는 것만이라도 돕고 싶었다. 그래서 서부 아프리카에 살고 있는 로루투 종족을 개척하기 시작했다. 로루투 종족은 교회 개척 운동을 하거나 그 일을 돕는 사람이 아무도 없다고 보고된 미전도종족이었다. 아직 성경도 전체가 번역되지 않았고, 다른 자료들이 준비된 것도 아니었다. 누군가 선교의 초석을 놓아야만 일이 시작될 수 있었다.

로루투 종족을 개척하기 위해 떠난 여행은 출발하는 순간부터 난관의 연속이었다. 비는 억수같이 쏟아졌다. 1년 동안 사용할 물이 다 쏟아진다는 우기인데다가 그중에서도 가장 비가 많이 내리는 시기였기 때문이다. 아프리카 어떤 지형에도 달릴 수 있게 개조한 차라고 해서 빌렸지만 그마저도 이렇게 쏟아지는 빗속에서는 속수무책이었다. 길 한복판에 커다란 웅덩이가 파이고 물이 고여 잘못하면 우리 모두가 수장될 지경이었다.

검문소와 국경을 넘어갈 때마다 실랑이를 벌이는 것도 여간 지치게 만드는 것이 아니었다. 공무원이고 군인이고 사소한 것을 꼬투리잡고 실랑이를 벌였다. 외국인에게 노골적으로 뇌물을 달라는 사인이었다. 그런 것을 거부하면 어떻게 하면 사람을 귀찮게 하는지 안다는 식이었다. 차에 실린 짐을 모두 내리게 했다. 그리고 검사도 하지 않으면서 속에 든 것들을 모두 꺼내놓게 했다. 그렇게 시간을 끌었다. 보통 사람들이라면 몇 푼 안 되는 뇌물을 집어 주고 바로 통과했겠지만 그럴 수는 없었다. 그러다 보니 시간이 지체되어 도저히 계획대로 일정을 진행할 수 없었다.

그래서 그 지역에 베이스캠프를 치기로 했다. 그곳은 〈블러드 다이아몬드〉라는 영화의 배경이 된 곳이었다. 함께 동행한 미국 단기 선교팀은 짬을 내어 여름 캠프를 열었다. 그 사이 현지 사역자와 함께 로루투 종족이 모여 사는 지역을 조사할 방법을 궁리하기 시작했다. 그 종족의 말을 할 줄 아는 영어 통역을 구해야 했다. 하지만 이런 아프리카 정글 한복판에서 준비된 사람을 만나는 것은 북극에서 코끼리를 찾는 것과 같이 어려운 일이었다.

하지만 이번에도 주님의 기적적인 방법과 길이 있으리라 믿고 인도하심을 구했다. 과연 기적은 있었다. 우리가 임시로 베이스캠프를 친 곳에서 로루투 종족 형제를 만났다. 영어도 제법 잘하고 그곳 지리도 훤히 꿰뚫고 있는 형제였다. 게다가 예수까지 믿었다. 아직 복음이 전해지지 않은 지역이라고 알고 있었는데 어떻게 그런 일이 일어날 수 있었을까?

사정을 들어보니 그의 누나가 도시에 가서 일을 하다 같은 회사의 미국인 그리스도인에게 복음을 듣고 예수를 믿게 되었다. 그리고 고향으로 돌아와 동생에게 복음을 전했다. 이들 남매는 예수를 믿고 전도하기 시작했다. 무슬림인 가족들은 남매를 집에서 쫓아냈다. 이곳저곳을 배회하며 어려움도 많이 겪었다. 무고하게 감옥에도 갇히기도 했다. 그러다가 2년 전부터 이곳에 와서 일을 하고 있었던 것이다.

제임스라 불리는 이 형제는 자기 민족에 대한 열정도 뜨거웠다. 누군가 도움을 준다면 자기 민족 로루투 종족에게 가 복음 전하길 기도하고 있었다. 부모님께 돌아가 분명한 구원의 길을 다시 얘기하는 날이 올 거라 믿고 기도하는 형제였다. 주께서 그 민족을 개척하기 위해 예비해 두신 '다이아몬드' 같은 형제였다.

이 형제와 로루투 종족을 개척하기 위한 계획을 세웠다. 삼발라라는 도시에서 사역을 시작하기로 했다. 우리가 정한 베이스캠프에서 열 시간쯤 떨어진 곳에 있는 도시였다. 교회도 없고, 선교 사역도 시작되지 않은 곳이었다. 이번에 우리가 들어가 최초의 거점을 확보하고 몇 개월 후에 팀을 보내 활동을 시작하기로 계획을 세웠다. 우리 팀은 모든 채비를 하고 삼발라로 향했다. 차가 갈 수 있는 데까지 들어갔다. 그렇게 쏟아지던 비도 그날만은 그쳤다. 걷기에는 더없이 좋은 날이었다. 그런데 가는 길은 온통 날카로운 풀로 뒤덮여 있었다. 지나가면서 팔을 살짝 스쳤는데 피가 배어 나왔다. 아프리카 날파리와 벌레들도 달려들기 시작했다. 아무리 쫓아도 도망가지 않았다. 우리가 이런 벌레들을 도망 다녀야 할 판이었다. 비가 그쳤다고 좋아하던 우리 입에서는 쨍쨍 내리쬐는 태양을 원망하는 소리가 나오기 시작했다.

주님의 얼굴을 로루투 종족에게 환히 비추어 주셔서,
로루투 종족이 주의 뜻을 알고 모든 로루투 종족이 주의 구원을 알게 하여 주십시오.

그렇게 여섯 시간을 걸어가면 로루투 종족이 사는 마을이 나타난다고 했다. 제임스 형제는 인근의 크고 작은 마을들을 모두 합치면 인구가 거의 10만 명에 이른다고 했다. 그 얘기를 들으니 가슴이 아려 왔다. 10만 명이나 되는 영혼들이 한 번도 복음을 듣지 못하고 죽어 가는데 누구 한 사람 이들에게 관심을 갖지 않았다니……. 예수님은 한 마리의 잃어버린 양을 말씀하셨는데, 수십만 명, 수천만 명의 책임져야 할 영혼을 잃어버렸는데도 찾아가는 사람이 없다니……. 어쩌면 누군가가 주님 앞에 가서 해명을 해야 하지 않을까.

우리는 인근에서 첫 예배를 드렸다. 아직 예수가 구원자라는 사실을 듣지 못한 영혼들을 대신하여 주의 이름을 높이 찬양했다. 로루투 종족을 위하여, 그 종족을 대신하여 복음의 씨앗이 되게 해 달라고 기도했다. 함께 간 형제자매들은 머리카락을 한 올씩 뽑았다. 그리고 그것을 모아 땅에 묻었다. 우리 몸의 일부인 머리카락이 이 땅에 묻혀 있는 동안 이 종족과 마을을 잊지 않겠다는 다짐이며 표시였다.

시편 67편을 읽으며 언젠가는 로루투 종족이 주께 나와 예배드릴 때 이 말씀이 찬송의 제목이 되게 해 달라고 기도했다.

> 하나님, 로루투 종족에게 은혜를 베풀어 주시고,
> 로루투 종족에게 복을 내려 주십시오.
> 주님의 얼굴을 로루투 종족에게 환히 비추어 주셔서,
> 로루투 종족이 주의 뜻을 알고

모든 로루투 종족이 주의 구원을 알게 하여 주십시오.

하나님, 로루투 종족이 주님을 찬송하게 하시며

모든 로루투 종족이 주님을 찬송하게 하십시오.

주님께서 온 백성을 공의로 심판하시며,

세상의 온 나라를 인도하시니,

온 나라가 기뻐하며, 큰 소리로 외치면서 노래합니다.

하나님, 로루투 종족이 주님을 찬송하게 하시며

모든 로루투 종족이 주님을 찬송하게 하십시오.

이 땅이 오곡백과를 냈으니,

하나님, 곧 우리의 하나님께서

로루투 종족에게 복을 내려 주셨기 때문입니다.

하나님께서 로루투 종족에게 복을 주실 것이니,

땅 끝까지 온 누리는 하나님을 경외하십시오.

4부 돌아갈 본향을 아는 사람들

중앙아시아 이야기

구소련이 붕괴하자 많은 선교사들이 복음을 들고 중앙아시아로 갔다. 많은 이들에게 예수는 소망의 근원이 되었고 고통을 견딜 수 있는 힘이 되었다. 그러나 지금 문이 닫히고 있다. 국가 정체성을 찾겠다며 이슬람을 확산시키고 교회를 핍박하고 있다. 많은 선교사들이 추방되었다. 소망의 길을 묻는 이들이 많은 이곳, 중앙아시아에서 말이다.

믿음의 형제자매에게 당부한다.

세상을 변혁하라!

'경건한 삶을 살아야 한다' 는 것은 당연한 말이다.

그러나 그런 삶으로는 충분하지 않다.

'전도를 해야 한다' 라는 말도 충분하지 않다.

그것도 당연한 것이다.

우리는 한 걸음 더 나아가 '세상의 빛과 소금' 이 되어야 한다.

하나님만이 유일한 소망이심을 모든 사람들이 깨닫도록

세상 속에 밝히 드러내야 한다.

-CCC 창설자 고(故) 빌 브라이트 박사의 유언집 《Journey Home》에서

낫에 찍힌 젊은이

한때 소련이라는 거대한 나라에 속했다가 독립한 중앙아시아 시골의 작은 마을. 이곳에 캐나다 한인 교회에서 단기 선교팀을 보냈다. 말도 모르고 길도 모르는 이런 지역에까지 사람들을 보낼 수 있었던 것은 '전혀 복음에 접촉되지 않은 사람들에게 한 번이라도 복음을 들려 주자'는 마음 때문이었다.

팀이 도착하고 일주일쯤 지났을 때였다. 한 젊은이가 절뚝거리며 우리를 찾아왔다. 제때 치료를 하지 않아 발목에서는 진물이 흘렀다. 쉽게 치료될지 의문이었다. 어떻게 된 일이냐고 물었다.

1년 전부터 그는 예수를 믿기 시작했다. 우연히 외국에서 온 한 무리의 사람들을 만났고 그들에게 전도 책자를 선물받았다. 이 책은 온 우주를 만드신 만물의 주인 하나님이 그를 사랑한다는 이야기부터 시작했다. 그리고 그 사랑을 경험하지 못하는 까닭은 우리의 죄 때문이며 그 죄의 문제를 해결하기 위해서는 예수 그리스도를 믿는 것만이 유일한 길이라고 씌어 있었다. 그는 이 이야기가 사실이라고 생각했다.

전도 책자에 소개된 대로 예수를 영접하는 기도를 했다. 약속하신 것처럼 예수 그리스도가 내 안에 들어오심이 실제로 느껴졌다. 너무 기뻐 어머니께도 소개했다. 어머니도 예수를 믿었다. 여동생과 남동생에게도 책을 읽어 주었다. 온 가족이 일주일 만에 예수를 믿게 되었다.

그런데 그것이 화근이었다. 젊은이가 사는 동네는 전통적으로 무슬림 마을이었다. 작은 마을이지만 이슬람 사원이 세 개나 있고, 종교 지도자인 '물라'도 네 명이나 있었다. 동네 사람들은 날 때부터 무슬림이었고 다른 종교에 관심 갖는다는 것은 상상할 수도 없는 일이었다. 지리적으로도 격리된 곳이어서 복음을 들을 가능성은 전혀 없었다. 이런 마을까지 복음을 전하러 올 리도 없고, 인근에 교회도 없었다. 외지 사람이 잠깐 지나쳐 갔다고 해서 동네 사람들이 영향을 받으리라고 아무도 생각하지 않았다.

한동안 젊은이 가족의 변화를 아무도 눈치채지 못했다. 하지만 오래지 않아 그들의 개종 사실을 알게 된 동네 청년들이 젊은이 가족을 협박하기 시작했다. 개종을 하면 죽여서라도 종교적인 순결을 지키는 것이 신실하다고 자부하는 게 무슬림의 정신이었다. 이슬람이 강한 나라에서는 개종자를 죽이는 것이 이슬람법인 '샤리야'에 저촉되지도 않았다. 그들은 그것을 '명예 살인'이라 불렀다. 청년들은 알라의 이름으로 그

가족을 몰살시키겠다고 협박했다.

　그래도 이 가족은 예수를 버릴 수 없었다. 오히려 이 기회에 예수를 한 명에게라도 전하자며 찾아오는 청년들에게 예수 이야기를 해 주었다. 그것이 죽음과 직결된다는 사실을 알면서도 자기들이 만난 예수가 진정한 주라는 사실을 말하지 않고는 견딜 수 없었다.

　화가 난 동네 청년들이 집으로 몰려와 남동생을 끌어냈다. 남동생은 구타를 당하다가 어디론가 도망치고 말았다. 청년들은 여동생도 끌어냈다. 그리고 집단 성폭행을 했다. 이슬람 세계에서 성폭행은 여자의 인생을 사형보다 더 수치스럽고 고통스럽게 만드는 것이다. 홀어머니도 끌어냈다. 청년들은 돌을 들어 어머니를 향해 내리쳤다. 붉은 피가 머리에서 흘러내렸다. 그리고 쓰러지셨다.

　마지막으로 장남인 이 젊은이를 죽이려던 찰나, 소란을 듣고 동네 어른들이 몰려 왔다. 어른들의 설득으로 청년들은 마지못해 물러섰다. 그러나 그냥 가지 않았다. 한 청년이 낫을 들어 젊은이의 다리를 내리찍었다. 날카로운 낫은 젊은이의 발목을 관통했다. 피가 솟구치듯 쏟아졌다. 그 고통에 정신을 잃고 말았다.

　정신을 차리고 보니 발목에서 흘러내린 피가 마당을 흥건히 적시고 있었다. 어머니는 머리가 깨져 아직도 깨어나지 못하고 마당 한가운데 널브러져 있었다. 여동생은 고통과 수치심으로 문 밖에 나오지 못하고, 남동생은 어디로 갔는지 찾을 수 없었다. 온 집안이 하루아침에 풍비박산 나고 말았다. 그래도 예수를 믿었다는 것을 후회하는 사람은 없었다.

서너 달이 지나 젊은이는 인근 마을에 외지 사람들이 왔다는 소식을 들었다. 젊은이는 그들이 예수 믿는 사람일지 모른다고 생각했다. 그들을 만나고 싶었다. 8킬로미터도 더 되는 길을 치료하지 못해 썩어가는 발을 끌며 그렇게 우리를 찾아왔다. 젊은이는 다리를 치료받고 그토록 만나고 싶었던 믿음의 형제들과 교제를 하고서 집으로 돌아갔다.

1년이 지나 젊은이가 살던 마을 인근에 지하 교회가 시작되었다. 누구의 계획도 아니고 의도한 바도 아니었다. 주님을 향한 젊은이의 사랑이 피가 되어 땅에 떨어졌고 그 피 위에 교회가 세워진 것이다.

젊은이에게 예수는 어떤 존재일까? 목숨과도 바꿀 수 없는 소중한 분. 단기 선교를 다녀 온 사람 중에 "현지인은 신앙의 깊이도 얕고 믿음도 약해 우리가 믿을 수 없는 사람들이다."라고 말하는 사람들도 있었다. 그러나 내가 만난 현지의 형제자매들은 가장 본질적인 것을 간직한 사람들이었다. 바로 이 젊은이처럼.

시베리아 바람에 날아가 버린 거지 사샤

사샤는 거지다. 발목을 절뚝거리며 다닌다. 앞니가 불쑥 튀어나오긴 했지만 금발 머리하며 서구적인 얼굴은 잘 씻기고 입히면 남부럽지 않은 미남이다. 처음 시베리아 끝자락에 있는 중앙아시아의 이 도시에 도착했을 때 그는 기차역 앞에서 구걸하고 있었다. 살을 에는 듯한 시베리아 바람에 얇은 겉옷 하나 걸치고 있는 모습이 너무 안쓰러워 지폐 두 장을 꺼내 손에 집어 주었다. 그러자 고맙다는 말을 스무 번도 더 하며 나를 쫓아왔다. 괜찮다고 돌아가라고 해도 1미터 이상을 떨어지지 않으면서 계속 쫓아왔다. 동정 한 번 베풀고 이렇게 귀찮은 일을 당할 줄이야⋯⋯. 그를 떼어놓기 위해 택시를 탔다.

제일 큰 시장으로 향했다. 도시가 작아서인지 시장은 5분도 안 되어 나타났다. 구소련 독립 국가를 다니면서 배운 생존법 중의 하나는 시장을 찾아가는 것이다. 그곳에 가면 십중팔구 고려인이 있다. 고려인들은 이 지역에서 채소를 재배하여 파는 거의 유일한 민족이어서 시장에 가면 이들을 만날 수 있다. 혼자 낯선 도시에 와도 크게 걱정하지 않는 것은 기꺼이 도움을 주는 고려인들을 만날 수 있기 때문이다.

시장에 가니 역시 고려인이 있었다. 외국인의 출입이 드문 이런 오지에 한국인이 오니 일가친척이라도 되는 듯 환영을 받았다. 하룻밤 묵기를 청할 새도 없이 고려인 아주머니는 자기 집으로 나를 데리고 갔다.

다음 날, 도시를 둘러보기 위해 집을 나서는데 거지 사샤를 집 앞에서 다시 만났다. 전날 입은 얇은 겉옷 하나 걸치고 시베리아의 칼바람을 맞으며 나를 기다리고 있었던 것이다. 그는 가방을 들어 주겠다는 둥, 통역을 해 주겠다는 둥 성화를 부렸다. 괜찮다고 하니까 이번에는 보디가드를 자청하고 나섰다.

'잘못 걸려도 단단히 잘못 걸렸다……. 그나저나 내가 머무는 곳은 어떻게 알았을까? 혹시 거지를 가장한 스파이가 아닐까?' 내 의심쩍은 눈초리에, 이런 작은 도시에서는 누가 어디서 무엇을 하는지 다 안다고 했다. 더구나 외국에서 온 사람이라면 말해 무엇하랴.

그렇게 해서 원치 않았지만 거지 보디가드 한 명을 얻게 되었다. 지나가는 사람들이 연신 힐긋힐긋 쳐다보는 것이 신경 쓰이기는 해도 기분은 괜찮았다. 사샤는 보디가드 역할을 톡톡히 했다. 번화한 도심을 지날 때면 중요 인물을 경호하는 듯 굴었고, 시장에서 물건 하나 살 때도 자기에게 맡기라며 제동을 걸었다. 그리고는 상인과 한참 흥정을 하고 내게서 돈을 받아다가 물건을 사오곤 했는데, 가끔씩 거스름돈을 자기 주머니에 넣기도 했다. 하지만 그 수법이 너무 엉성해 속고 있다는 느낌이 전혀 들지 않았다.

나는 그렇게 만난 사샤와 도시를 맘껏 다녔다. 그 지역에 하나뿐인 대학에도 갔고, 주요 인사들과도 만날 수 있었다. 또 고려인 최고 어른을 만나 우리가 앞으로 할 일에 협조를 구하기도 했다. 사샤 덕분에 심심하지 않은 여행이었다.

도시를 떠나는 날, 역에서 기차를 기다리며 그의 가족에 대해 물었다. 병든 어머니와 둘이서 살고 있다고 했다. 거지들의 판에 박힌 멘트였다. 그러나 그의 진지한 눈빛을 보니 왠지 믿고 싶어졌다. 왜 일할 곳을 찾지 않느냐고 물을까 하다 그만 두었다. 이런 곳에서 그런 질문은 의미가 없었다. 일할 곳이 그리 많지 않을 뿐더러 사샤 같은 사람을 누가 받아주겠는가? 그렇다고 장사할 만한 자금도 없을 텐데. 어려운 가정 살림을 맡느라 거지 노릇이라도 하는 것이다. 소망 없이 보드카나 마시며 세상을 한탄하는 젊은이보다는 낫지 않은가.

기차가 도착한다는 안내 방송이 들렸다. 사샤에게 수고한 대가로 얼마라도 주고 싶었지만 사람들이 보는 앞에서 돈을 주면 폭행을 당하고 빼앗길 것이 뻔했다. 그래서 입고 있던 오리털 점퍼 속주머니에 돈을 넣어 두었다. 그리고 그것을 벗어 사샤에게 입혀 주었다. 사샤는 입이 찢어지게 좋아했다. 오리털 점퍼를 입은 샤샤는 마치 코미디 프로그램에 나오는 어릿광대 같았다. 입을 다물지 못하고 좋아하는 사샤를 한 번 안아 주고 기차에 올라탔다. 그렇게 우리는 헤어졌다.

　5개월이 지난 뒤, 단기 선교팀과 그 도시를 다시 찾았다. 기차역은 겨울에 왔을 때보다 깨끗했다. 역을 가득 메운 장사꾼들과 호객하는 택시 운전사들, 그리고 졸졸 쫓아 다니며 구걸하는 거지들은 그때나 지금이나 변함이 없었다. 나는 당연히 그곳에 사샤도 끼어 있으리라 생각했다. 그런데 그의 모습은 보이지 않았다. 거지에게도 쉬는 날이 있던가…….

　마중 나온 고려인들의 뜨거운 환영을 받으며 처음 왔을 때 묵은 고려인 아주머니 집으로 갔다. 소식을 듣고 찾아온 인근 고려인들까지 어우러져 온통 잔치 분위기였다. 산더미같이 쌓인 이민 가방에 눈독을 들이고 쫓아온 동네 꼬마들까지 들이닥쳐, 두려움 반 기대 반으로 찾아온 단기 선교팀들은 상당히 고무된 분위기였다.

　사역은 기술 대학에서부터 시작했다. 영어를 가르치면서 젊은이들과 만남을 시도했다. 고려인을 대상으로 한글반도 운영했다. 짬을 내어 가정을 방문하기도 했다. 가져온 약품도 나눠 주고 아이들에게는 사탕과 학용품도 주었다. 새로 시작하는 개척 선교치고는 순조로웠다. 그렇게 며칠이 지났을 때 갑자기 거지 사샤가 궁금해졌다. 외국에서 온 사람들이 도시에 들이닥쳤다는 소문을 들었을 텐데도 그는 나타나지 않았다. 어쩌면 내가 다시 왔다는 것도 알고 있을 텐데 말이다. 그의 집을 찾아가 보기로 했다. 주인집 고려인에게 물으니 멀지 않은 곳에 있단다. 걸어서 갈 수 있는 거리라기에 팀이 사역을 위해 떠난 오전에 그의 집을 찾아갔다.

한국 말을 잘하는 아주머니와 30분쯤 걸어 찾아간 그의 집은 폐허나 다름없는 허름한 곳이었다. 소련 시대에 지은 흉물스런 아파트 촌 옆에 깡통 같은 것으로 얼기설기 엮어 만든 집이었다. 함께 간 고려인 아주머니가 문 앞에서 사샤의 이름을 불렀다. 서너 번 이름을 부르자 중년 부인이 얼굴을 내밀었다. 사샤가 말한 병환 중인 어머니임에 틀림없었다. 사샤의 어머니는 고려인 아주머니와 속삭이듯 대화를 나누더니 들어오라고 손짓을 했다.

힘겹게 몸을 일으켜 우리를 맞은 그녀는 나를 만나고 싶었다며 곧 눈물을 흘릴 태세였다. 뭔가 좋지 않은 일이 일어난 것 같은 느낌이었다. 사샤는 어디 갔느냐고 조심스럽게 물었다.

그녀는 울먹이는 목소리로 말했다.

"넉 달 전에 교통사고로 죽었어요."

내가 잘못 알아들었다고 생각했는지 고려인 아주머니가 두 번이나 통역해 주었다. 내가 사샤를 만난 것이 불과 다섯 달도 채 안 된 것 같은데 네 달 전에 죽다니 믿기지가 않았다.

"선생님이 떠나고 나서 2주 정도가 지났을 겁니다. 눈이 엄청나게 많이 내리던 날 기차역에 가겠다고 해서 내가 말렸어요. 나갔다가 길이 막혀 못 돌아올 수도 있으니 다음에 가라고요. 그런데 사샤는 선생님이 기차 타고 다시 올지 모른다면서 굳이……. 가는 길에 미끄러지는 차에 깔려 죽었어요."

몸이 얼어붙는 것 같았다. 사샤의 죽음이 실감나지 않았다. 사샤의 어머니는 덥석 내 손을 잡았다. 그리고 이미 세상에 대한 미련을 다 버린 것 같은 눈빛으로 나를 쳐다봤다.

"사샤는 선생님에게서 처음으로 사랑이라는 것을 받아 봤다고 얘기했어요. 그 애는 아버지가 누군지도 모르는 아이였어요. 이곳의 누구도 사샤를 인간으로 대해 주지 않았어요. 그런데 선생님이 자기에게 가장 큰 친절을 베풀어 주었다면서, 자기를 정말 사랑해 주는 사람이라면서 얼마나 좋아했는지 몰라요. 그래서 그날도 선생님이 보고 싶어서 나가던 길이었어요."

잠시 말을 멈추었다가 다시 이었다.

"사샤는 선생님이 다시 오시면 주인으로 모시겠다고 얘기했어요. 주인은 여기 오셨는데 사샤가 없네요."

나는 어머니에게 아무 말도 할 수 없어 그냥 그 집을 나오고 말았다. 내가 그에게 준 것이 뭐가 있다고 나를 만나러 가다가 사고를 당했단 말인가? 떠나는 날, 기차역에 앉아 그와 대화를 나눌 때가 주님의 사랑을 전할 수 있는 처음이자 마지막 기회였는데, 그를 영원한 생명의 나라로 인도할 수 있는 기회를 난 놓치고 말았다. 이런 나에게 사랑을 받았다고 느꼈다니…….

갑자기 모든 사람들이 나에게 달려들 것만 같았다. 처음 보는 사람들까지도 나를 고소할 것만 같았다. 완전한 사랑이 어떤 것인지, 그 사랑을 줄 수 있는 분이 누구인지 왜 말해 주지 않았냐고 나에게 달려들어

화를 낼 것만 같았다.

　사랑을 나누어 주는 데 내일이란 절대 없다. 절뚝발이 거지 사샤. 내가 올 때까지 시베리아 바람을 피하라고 했더니 그 바람에 날아가 버린 사샤 때문에 나는 평생 사랑을 베풀지 못한 죄인이 되고 말았다.

완전한 사랑이 어떤 것인지, 그 사랑을 줄 수 있는 분이 누구인지 왜 말해 주지 않았냐고
나에게 달려들어 화를 낼 것만 같았다.

슈간에 온 이유

  팀의 평균 연령은 60대였다. 가장 연세가 많은 분은 82세의 권사님이
고 가장 어린(?) 분은 50대 후반의 장로님이다. 시카고의 한 교회에서
단기 선교를 작정하고 중앙아시아로 달려온 분들이다. 젊은 사람들도
힘들다는 이 지역에서 나이드신 분들이 무얼 할 수 있겠냐며 말렸다고
한다. 현지에서도 '참가했다는 것만으로 만족하라'고 충고하는 사람도
있었다. 그러나 이분들에게 이번 여행은 큰 결단이었고, 어쩌면 선교지
를 밟는 마지막 기회일지도 몰랐다. 교회 없는 마을에 들어가 복음을 전
하고 교회를 개척한다는 것에 이분들은 매우 설레고 있었다. 사실 나 자
신도 인간적으로는 불안감이 들기도 했지만 지금까지 경험하지 못한
놀라운 일을 기대하며 주님께 모든 것을 맡기기로 했다. 선교를 이끄시
는 분은 성령임을 믿기 때문이다.

그래서 오랫동안 기도해 오던 슈간을 개척 목표 지역으로 배정했다. 슈간은 지하자원이 풍부한 도시다. 도처에서 회사들이 몰려들어 개발에 열을 올렸고, 전 주민의 90퍼센트 이상이 이와 관련된 일을 하고 있다.

'어르신 선교팀'은 이틀 동안 기차를 타고 중앙아시아 사막 한가운데에 있는 슈간에 도착했다. 다행히 고려인 몇 가정이 이곳에 오래 전부터 정착해 있어 숙소를 찾는 일은 어렵지 않았다. 문제는 물이었다. 도시를 새로 개발한다며 수도 시설과 전기 시설을 모두 파헤쳐 놓아 물이란 물은 도무지 구할 수 없었다. 허드렛일을 위한 물도 10킬로미터 이상 떨어진 조그만 시내에서 양동이로 퍼 와야 할 형편이었다.

예측하지 못한 상황을 맞아 우리는 규칙을 정했다.

'생수는 마시는 물로만 사용한다.

양치질은 하루에 한 번만 한다.

세수는 일주일에 한 번만 한다.

샤워는 집에 돌아가서 한다.'

팀은 푹푹 찌는 더위에 씻지도 못하고 사역을 했다. 가정마다 찾아다니며 예수 영화를 보여 주고 현지어 사영리를 들고 다니며 전도를 했다. 처음에는 전도하는 것을 어색해 하던 어르신들도 날이 갈수록 능숙한 전도자가 되어 갔다. 인근에 사는 고려인들은 비슷한 또래의 한국인이 미국에서 왔다는 소문을 듣고 몰려들기 시작했다.

슈간은 인근에서 몰려든 고려인들로 북적였다. 자기 집으로 초대하느라 경쟁이 붙어 어르신들은 몸이 두 개라도 모자랄 정도로 바삐 다녀야 했다. 저녁에 모이면 바쁜 스케줄을 정리하는 것이 중요한 일이었다. 어떤 분들은 새벽 약속, 아침 약속, 아점(?) 약속, 점심 약속, 점저(?) 약속, 저녁 약속, 심야 약속…… 하루에 일곱 번 이상 식사를 했다며 고통을 호소하는 분들도 있었다.

하루는 최고령 어르신 팀이 고려인 가정을 방문했다. 순서에 따라 82세의 권사님이 간증을 하는 날이었다. 그분은 어릴 때부터 지금까지 삶을 이끌어 오신 주님의 인도하심을 파노라마처럼 설명하셨다. 나이가 믿기지 않을 정도로 우렁차고 확신에 찬 목소리였다. 그런데 82년간의 경험을 소개하려니 간증은 쉽게 끝나지 않았다. 한 시간이 지났지만 아직 한국 전쟁도 끝나지 않고 있었다. 오늘날까지 오려면 몇 시간이 더 걸릴지 모를 일이다.

그래도 누구 한 사람 지루해 하지 않았다. 한 사람의 인생 역정이 아니라 모두가 함께 걸은 인생길을 거슬러 내려오는 것 같았다. 피난 시절 부산 앞바다에서 미군들이 먹다 버린 음식으로 꿀꿀이 죽을 만들어 먹던 이야기를 할 때는 고개를 끄덕이며 눈가를 훔치는 이도 있었다. 고통의 순간에 주님을 만나게 되었다는 고백을 할 때는 박수라도 칠 분위기였다. 권사님의 간증은 우리 민족의 가슴속에 응어리져 있던 한을 풀어 주는 희망의 메시지였다.

그날, 방안에 모인 모든 이들은 동감과 은혜로 많은 눈물을 흘렸다. 선교차 온 어르신들뿐만 아니라 고려인 할머니들도 모두 울었다. 1937년 시베리아에서 스탈린에 의해 강제 이주되었을 때 살을 에는 듯한 추위 속에 처절하게 울던 생각이 나서 울었다. 걸음마도 못 하는 아들을 꽁꽁 언 땅에 묻던 때가 생각나서 서럽게 울었다.

아직도 여기저기서 훌쩍이는 소리가 들리고 있는데 가장자리에 앉은 젊은 여인이 일어섰다. 얼굴은 생소했지만 어디선가 본 듯한 인상이었다. 얼마나 울었는지 눈은 빨갛게 충혈되어 있었다.

"저는 자살하려고 여기 왔습니다."

그녀의 충격적인 첫 마디에 모두 얼어붙는 것처럼 굳어졌다. 훌쩍이던 사람들도 눈물을 훔쳐내며 숨을 죽였다. 모두가 잘못 들었을 거라는 표정을 짓고 있는데 그녀는 말을 이어 갔다.

그녀는 김 알료냐 할머니의 딸이었다. 얼굴도 예쁘고 똑똑하여 이 근방에서는 드물게 모스크바 대학에 진학한, 지역이 낳은 스타였다. 그녀는 대학을 졸업한 후 모스크바의 유명 외국계 은행에서 일을 했고, 그곳에서 러시아 남자를 만나 결혼했다. 두 아들도 낳았다. 누가 봐도 행복한 가정이었다. 그런데 그녀의 인생에 먹구름이 일기 시작한 것은 2년 전부터였다. 남편의 몸이 급격히 쇠약해지는가 싶더니 몸무게가 줄기 시작했다. 소화가 안 되고 속이 아프다고 호소했다. 병원을 찾아 갔다. 3일 동안 검사를 받고 나온 결과는 위암이었다. 그것도 3개월의 시한부 인생. 충격 때문이었는지 남편은 시름시름 앓다가 3개월도 안 되어 죽고 말았다.

남편을 갑작스럽게 보내고 그녀에게 남은 유일한 희망은 두 아들이었다. 그들은 그녀의 전부였다. 그런데 몇 개월 전, 두 아들이 타고 가던 버스가 사고를 당했다. 버스가 충돌하고 불이 나면서 타고 있던 많은 사람들이 죽었다. 그녀의 두 아들도 사망자 명단에 있었다.

그녀는 삶의 의욕을 잃었다. 자신을 파멸시킨 신을 저주했다. 자살을 결심하고 죽기 전에 어머니를 뵈려고 고향으로 향했다. 고생스런 고려인의 삶을 살면서도 자기를 훌륭히 키워 준 어머니의 손을 마지막으로 만져보기 위해 이틀 전 이곳 슈간으로 온 것이다.

"저는 자살로 인생을 끝내려고 왔습니다. 그런데 할머니 얘기를 들으며 다시 생각하기로 했습니다."

묵묵히 듣고 있던 김 알료냐 할머니가 딸의 몸을 부둥켜안았다. 옆에 있던 할머니들도 하나 둘씩 그녀에게 몰려와 한 덩어리로 뒤엉켜 울음을 터트렸다.

집을 나오며 권사님이 말했다.

"나같이 늙은 것이 왜 여기까지 와야 했는지 이제 알 것 같아. 저 아이 살리려고 보내신 거였어."

너무 늦었어요!

스비에타 아주머니의 집에는 소식을 듣고 달려온 이웃 주민들로 북적였다. 사람들은 곳곳에서 흐느끼며 서로 부둥켜안고 긴 한숨을 내쉬었다. 모두가 믿기지 않는다는 표정이었다. 아니, 믿으려 하지 않는 것 같았다. 아침까지도 멀쩡하던 사람이 오후에 시체가 되어 돌아왔으니, 어느 누가 쉽게 믿을 수 있겠는가! 넋 나간 얼굴로 눈물만 흘리고 있는 스비에타 아주머니를 에워싸고 이웃들은 이런저런 위로의 말을 건넸다. 그러나 어떤 말도 귀에 들어오지 않았다. 그렇게 간절히 기도했는데……

스비에타 아주머니는 1년 전에 복음을 들었다. 고려인으로 힘들고 고달픈 삶을 살다 예수를 믿고 인생의 의미를 찾게 된 것이다. 그런 그녀에게 간절한 기도 제목이 하나 있었다. 남편도 예수를 믿고 자신처럼 기쁜 삶을 살았으면 하는 것이다. 남편에게 교회 가기를 몇 차례 권했지만 그때마다 남편은 뿌리칠 뿐 아니라 화를 내기도 했다. 그래도 그녀는 포기하지 않았다. 남편을 설득하기도 하고 간청도 해 보았다. 그러나 남편의 마음은 조금도 움직이지 않았다. 그녀의 기도는 더욱 간절해질 수밖에……. 새벽마다 교회에 나와 애타게 부르짖는 시간이 날이 갈수록 길어졌다.

그런 정성이 남편의 마음 깊은 곳을 움직인 걸까? 어느 날 저녁, 남편은 스비에타 아주머니에게 한 가지 약속을 했다. 출장에서 돌아오면 교회에 같이 가겠다는 것이다. 아무런 계기도 없었는데 먼저 그런 얘기를 하니 분명 기도의 응답이라고 믿지 않을 수 없었다. 그녀는 그날부터 인생을 다시 사는 기분이었다. 이 사람 저 사람에게 남편이 드디어 교회에 나올 거라고 자랑했다. 남편과 교회에 갈 날이 빨리 오기만을 기다렸다.

남편이 출장을 떠나던 날 아침, 그녀는 그동안 잘 간직해 둔 손수건을 남편에게 건넸다. 한국에서 온 손님이 선물로 준 성경 구절이 적힌 손수건이었다. 빨리 돌아와 함께 교회에 갔으면 좋겠다는 소망도 담았다. 그런데 그날 오후, 남편이 타고 가던 차가 트럭과 충돌하는 바람에 차에 타고 있던 세 사람 모두 그 자리에서 즉사하고 말았다.

영안실로 남편을 확인하러 가면서 그녀는 아무 말도 못하고 하염없이 눈물만 흘렸다. 남편이 세상을 떠난 것 자체가 슬프고 경황이 없었지만 그보다 예수를 소개할 기회가 한발 늦었다는 생각에 마음을 진정시킬 수 없었다. 남편에게 복음을 들려줄 기회가 다시 오지 않는다는 것이, 그리고 예수를 영접하지 않으면 영원히 지옥에 간다는 사실이 그녀의 억장을 무너지게 했다. 사랑하는 남편을 지옥으로 보내고 어떻게 이 세상을 아무렇지 않게 살 수 있을까 자신감도 없어졌다. 출장을 가는 남편에게 짧게라도 복음을 전할 것을…… 그러지 못했다는 죄책감이 그녀를 그냥 놔두지 않았다. 그녀는 영안실에 안치된, 피투성이가 된 남편을 붙잡고 몸서리치며 울었다.

장례식을 마치고 한 달쯤 지났을 무렵, 스비에타 아주머니를 다시 찾아 갔다. 마음은 많이 안정된 것처럼 보였지만 잠을 제대로 자지 못하는지 얼굴은 푸석푸석했다. 어떻게 위로를 해야 할지 막막했다. 그저 일상적인 안부밖에 딱히 할 말이 없었다.

내 마음을 읽었는지 아주머니는 목소리에 힘을 주며 이야기를 시작했다.

"복음을 들을 수 있는 기회가 영원하지 않다는 것을 이번에 알았어요. 교회에 가겠다는 약속으로 다 끝난 게 아니었어요. 기다려야 할 때도 있지만 강권해야 할 때도 있다는 걸 너무 늦게 깨달은 거지요. 남편에게는 이제 영원히 기회가 없잖아요. 너무 늦었어요. 제가 조금이라도 일찍 그것을 깨달았다면 출장 가는 남편을 그렇게 보내지는 않았을 거예요. 만약에, 만약에 남편이 5분만이라도 다시 살아날 수 있다면 제 심장을 파서라도 남편에게 예수를 전할 겁니다. 그러나 그런 일은 영원히 일어나지 않겠지요……."

아주머니는 목이 메는지 이야기를 마무리하지 못하고 입술을 깨물었다. 겨우 안정을 찾고 나서야 다시 말을 이었다.

"가르쳐 주신 대로 이젠 다른 삶을 살고 싶어요. '남편을 지옥에 보낸 부인'이라는 꼬리표를 이 땅에 사는 내내 붙이고 살아야겠지만 그래서 더 열심히 복음을 전하며 살려고 해요. 남편에게 죄를 씻는 심정으로 하고 싶어요. 다시는 나처럼 기회를 놓치고 땅을 치는 사람이 없도록 내 경험을 전하고 싶어요."

아주머니의 이야기를 들으며 아직 교육이 덜 되었다고 핀잔할 수가 없었다. 어쩌면 교회당에 앉아 있는 잘 교육받은 사람들보다 더 나은 사람이 아닐까 하는 생각도 들었다. 그녀의 중심은 분명 아버지의 마음이었다. 잃어버린 이들이 예수 그리스도의 복음을 듣고 회복되는 것을 가장 기뻐하는, 그런 간절한 아버지의 마음!

아주머니는 전도하며 대부분의 나날을 보내고 있다. 교회에서 시작한 평신도 신학원에 등록하여 훈련을 받고 성경 공부도 인도하며 성도들의 대소사를 도맡다시피 한다.

얼마 후 아주머니가 출석하는 교회에서 50킬로미터쯤 떨어진 작은 마을에 교회가 세워졌다. 그런데 사역자가 없어 청년들이 주일 오후마다 가서 예배를 인도했다. 이 사정을 전해 들은 스비에타 아주머니는 자원하여 마을로 들어갔다. 목사도 없고 전도사도 없는 그곳에서 그녀는 집집마다 다니며 복음을 전하고 가정들을 돕고 성경 공부를 인도한다. 남편에게 주지 못한 기회를 많은 사람들에게 나누어 주며 아주머니는 행복하게 살아가고 있다.

이것이 우연일까?

막 여름이 시작될 무렵, 투르크메니스탄 현지인 책임자 이반을 만났다. 오랫동안 감시망을 피해 도망자 신세로 지냈을 텐데 얼굴은 오히려 빛나고 있었다. 그동안 겪은 이야기를 듣고 있으니 로마의 카타콤 성도들처럼 죽음과 마주하며 살고 있는 듯했다.

"정부에서 모든 기독교 사역자들의 집을 수색하고 있습니다. 우리 창고에 있던 자료들도 모두 빼앗겼지요. 자료가 얼마 남지 않았는데 어떻게 하지요?"

자신의 안전보다는 오히려 사역이 중단되지 않을까 고민이 가득했다.

"제가 어떻게든 해 볼게요. 여기서 제작하기가 어려우면 이웃 나라에서 공수해 와야지요."

"지금 국경 검문소에서도 심하게 조사를 한다고 들었습니다. 종이로 된 자료를 가지고 들어오면 반정부 문서라고 뒤집어씌운답니다. 정상적인 방법으로는 어려울 겁니다."

"성경책과 예수 영화만 있으면 되겠습니까?"

그는 고개를 끄덕였다. 그 일이 말처럼 쉽지는 않겠지만 그를 꼭 도와주고 싶었다.

그와 헤어져 인근 국가의 자료 제작 센터로 갔다. 다행히 창고에는 투르크메니스탄 언어로 된 자료들이 좀 남아 있었다. 급한 대로 이것만이라도 전달하려고 정리해 보니 여섯 박스나 되었다. 이반이 말한 대로 이 자료를 들고 정상적인 방법으로 입국하는 것은 전혀 불가능했다. 우회하는 길밖에 없었다.

그래서 사막 끝자락에 있는 마을로 갔다. 그곳에는 고려인 사역자가 인도하는 교회도 있었다. 투르크메니스탄과 국경을 맞대고 있기 때문에 왕래하는 사람도 많았고 대부분 현지인이라 자료를 반입할 수 있는 방법이 있지 않을까 생각했다. 그곳에서 고려인 사역자 세르게이를 만나 도움을 청했다. 하지만 여섯 박스나 되는 자료를 들고 국경을 넘는 것은 미친 짓이라며 거절했다. 그리고는 두 시간 가까이 왜 그것이 불가능한지 설명했다. 불가능하기 때문에 도움을 청하는 것이라 사정을 해도 그는 막무가내였다.

속상했지만 안 된다는 그를 더 이상 조르는 것도 무리인 것 같아 자리에서 일어났다. 시무룩하게 떠나려고 하자 좀 미안한 마음이 들었는지 그가 목소리를 낮추며 물었다.

"이번에 꼭 들어가야 돼요?"

나는 고개만 끄덕였다.

세르게이는 머뭇거리더니 다시 입을 열었다.

"국경 검문소를 거쳐서 들어가는 것은 말씀드린 대로 불가능합니다. 앞으로도 당분간은 어려울 거예요. 다른 길로 돌아가는 방법밖에 없어요."

"세르게이, 국경 검문소 말고 들어갈 수 있는 길이 또 있어?"

"있긴 있는데요, 위험해요."

"지금 상황에 뭔들 위험하지 않겠어. 조금이라도 가능성이 있다면 시도해야지."

"여기서 두 시간 정도 올라가면 강이 하나 있어요. 국경을 따라 흐르는 강이기 때문에 그곳으로 넘어가면 될지 몰라요. 친구가 조그만 배를 가지고 있는데 원하시면 얘기해 볼게요."

"밀입국을 하라는 말이야?"

세르게이는 고개를 끄덕였다. 긴 터널 끝에서 들어오는 한 줄기 빛처럼 가능성의 문은 열렸지만 아직 기뻐할 상황은 아니었다. 우리는 세르게이의 친구와 밤 1시경에 만나기로 하고 집에서 저녁을 먹었다. 시베리아 극동에서 강제 이주해 온 세르게이의 어머니는 고려식 국과 밥으로 대접해 주었다. 내가 제일 좋아하는 고려 음식이었다. 그러나 그날 저녁 식사는 내 생애 가장 맛을 모르고 한 식사였다.

해가 지자 떠날 준비를 했다. 가져온 자료들을 자루에 담고, 혹시라도 발각되어 도망가게 될 상황을 감안하여 작은 배낭에는 몇 가지 자료들만 넣었다. 그리고 자료를 안전하게 보관하기 위해 몇 가지 장치를 했다. 약속했던 강가에 도착하니 세르게이의 친구가 나와서 기다리고 있었다. 그의 배는 배라기보다는 작은 뗏목이라 해야 할 정도로 볼품없는 것이었다. 세르게이는 자루를 배에 옮겨 싣고 나를 힘껏 끌어안았다.

"세르게이, 네 마음은 안다. 걱정하지 말고…… 잘하고 돌아올 테니 기도나 세게 해 줘."

애써 태연한 척 했지만 나도 떨고 있었다.

짐을 다 싣고 나자 친구는 기다리지도 않고 배를 강가에서 띄웠다. 배는 잔잔한 강물 위를 고요하게 흘러갔다. 불과 몇 분 만에 강 건너 둑이 가물가물 보이기 시작했다.

'제발, 아무 일 없게 해 주소서. 경비병들이 다 잠자리에 들든지 쉬는 시간이 되게 해 주소서.'

내가 생각해도 우스운 기도였다. 친구는 기다리라 하더니 먼저 강둑으로 올라가 동태를 살폈다. 잠시 후 돌아온 친구는 서두르라고 손짓했다. 나는 자료가 가득 든 자루를 들고 배에서 내렸다. 강둑을 올라가 사방을 보니 아무도 없었다. 그야말로 개미 새끼 한 마리 다니지 않는 하얀 사막뿐이었다. 영화의 한 장면처럼 손에 땀을 쥐게 하는 일이 벌어질 줄 알았더니 그야말로 상황은 시시하게 끝나고 말았다.

"아니, 이렇게 아무도 없는데 이 난리를 친 거야?"

친구에게 따지기라도 하듯 쏘아붙였다.

"난리를 친 게 아니라 운이 좋은 거예요. 요즘 밀입국자들이 많아져 국경 경비가 삼엄해요. 그래서 좀 덜할 거라고 생각되는 곳으로 와서 그렇지 원래 이렇지 않아요."

어쨌든 밀입국 작전은 무사히 끝났다. 친구의 도움을 받아 4킬로미터쯤 걸어가니 작은 동네가 있어 자전거를 빌려 도시까지 갈 수 있었다. 그곳의 안전한 곳에 자료를 모두 숨겨 두었다. 그러나 이것으로 끝이 아니었다. 여긴 사막 끝이어서 이반을 만나 자료를 숨겨 둔 곳의 위치를 알려 주기 위해 수도 아쉬카밧으로 가려면 사막을 가로질러야 했다. 아니면 우회하여 빙 둘러가는 방법이 있는데, 두 방법 모두 시간이 오래 걸리고 힘든 여정이었다. 어떻게 할까 하다가 할 수 없이 비행기를 타기로 했다.

도시 끝에 있는 공항은 국내선 여객기와 군용 비행기가 함께 사용하는 곳인데 규모는 그리 크지 않았다. 청사는 버스 정류장 수준이었고, 체크인 창구는 허름한 극장 매표소 같았다. 그 안에 뚱뚱한 중년 부인이 앉아 표를 팔고 있었다.

"아쉬카밧으로 가는 표 한 장 주세요."

중년 부인은 책을 읽고 있다가 고개를 돌리지도 않고 빈손을 내밀었다. 돈을 먼저 내라는 뜻이다.

"얼마지요?"

"외국인이니 67달러를 내시오."

지갑을 꺼내 70달러를 건네주었다. 중년 부인은 힐끗 달러를 세어 보더니 다시 손을 내밀었다.

"67달러!"

계산을 잘못했나 싶어 그녀에게 설명했다.

"제가 드린 돈은 70달러입니다. 3달러를 거슬러 주면 됩니다."

그러자 중년 부인은 얼굴을 일그러뜨리며 들고 있던 달러를 내게 획 던져 버렸다.

"67달러를 내라고 하지 않았소."

계산을 못 하는 사람으로 취급당한 것이 그녀를 기분 나쁘게 만든 것 같았다. 그래서 돈을 다시 집어 주며 말했다.

"제가 잔돈이 없으니 거슬러 줄 필요 없이 표만 주세요."

나는 최대한 공손하게 말을 건넸다. 그랬더니 얼굴을 아까보다 더 일그러뜨리며 말했다.

"67달러를 정확하게 가져오라고!"

기가 막혔다. 거스름돈을 안 받겠다는데 오히려 화를 내다니. 게다가 외국인에게 이렇게까지 하다니. 아무리 섬기고 사랑하기 위해 온 나라라고 하지만 이건 너무하잖아! 화가 치밀어 오르는 것을 간신히 참았다. 공산주의는 사람의 의식을 이렇게 융통성 없게 만들어 놓아 인내하지 않으면 심장마비 걸리기 십상이다.

정확히 67달러를 가져오라는 융통성 없는 중년 부인 때문에 속은 타 들어 갔지만 그렇다고 할 수 있는 일은 아무것도 없었다. 지나가던 사람에게 은행이 어디 있느냐고 물었다. 시내까지 가야 한다. 공항 근처는 모래 바람 날리는 사막뿐이고 집 한 채 보이지 않는데 시내까지 가려면 아무리 빨리 가도 30분은 족히 걸릴 것 같았다. 문제는 그렇게 다녀오다간 비행기를 놓치게 된다. 하지만 어쩔 수 없었다.

터벅터벅 공항 청사를 걸어 나왔다. 계단을 막 내려가는데 청사 옆에 키 작은 한 현지인이 긴 한숨을 쉬며 담배를 피우고 있었다.

'저 사람도 거스름돈이 없나?' 다가가 말을 걸었다. 그리고 주머니 속에 있던 껌도 하나 건넸다. 담배를 피우던 사내는 껌을 받더니 표정이 달라지며 어디서 왔느냐, 어디로 가느냐, 아이들은 있느냐는 등 호구조사 하듯이 말문을 열었다. 대화가 시작된 김에 주머니 속에 있던 1달러짜리 립스틱도 주었다. 여행할 때마다 선물용으로 가지고 다니는 것이다. 그는 반지를 보여 주며 아내에게 주겠다고 좋아했다. 그렇게 짧은 대화를 하다 그가 몸을 일으켰다. 혹시나 하는 생각에 가까운 곳에 돈을 바꿀 수 있는 곳이 있는지 물어 보았다. 역시나 시내에 있는 은행에 가야 한다고 했다. 그러면서 청사 2층에 우체국이 있는데 돈을 바꿔 줄지 모르니 한번 가보라고 하고는 청사로 들어갔다.

새로운 정보가 하나 더 나왔다. 우체국이 있구나! 어차피 비행기는 못 탈 상황이니 우체국에 가서 물어나 보자는 생각으로 2층으로 올라갔다. 계단 옆에 있는 첫 번째 문을 열었다. 그런데 안에는 책상이 가득하고 제복 입은 사람들만 앉아 있었다. 우체국 분위기가 아니었다. 들어왔던 문을 젖히고 안내판을 보니 '경찰서'라고 씌어 있었다. 방을 잘못 찾아온 것이다. 급히 몸을 돌려 나오려는데 앞에 있던 경찰이 손짓하며 나를 불렀다.

"미안합니다. 잘못 들어왔네요."

경찰은 그래도 굳이 들어오라며 손짓을 했다.

"아니, 옆에 있는 우체국에 가야 합니다."

내가 머뭇거리자 경찰은 아예 일어서서 나에게 달려올 태세였다. 하는 수 없이 안으로 들어갔다. 미국에서 왔다고 하니까 할리우드는 가 보았느냐, 어느 영화배우가 멋있더라며 미국 얘기를 장황하게 쏟아냈다. 한시라도 빨리 이곳을 빠져 나가야 한다는 생각에 아무 말도 귀에 들어오지 않았다.

한참 미국 이야기를 하던 그가 갑자기 여권을 보자며 손을 내밀었다. 그제야 내가 밀입국자라는 사실이 떠오르며 가슴이 철렁 내려앉았다. 나는 최대한 태연하게 행동하며 그의 말을 못 알아듣는 척 시선을 다른 곳으로 옮겼다.

"패·스·포·트!"

그는 손을 내 턱 앞까지 들이대며 명령을 했다. 어쩔 수 없었다. 가방에 있던 여권을 꺼내 그에게 건넸다. 그는 사진과 내 얼굴을 번갈아 보더니 비자 면의 스탬프를 하나하나 확인하기 시작했다.

"프라블럼!(문제가 있다!)"

여권을 두서너 번 확인한 경찰은 앉아 있는 다른 경찰들을 향해 소리쳤다. 조용하던 사무실이 삽시간에 시끌벅적해졌다. 굶주린 사자가 먹잇감을 발견한 것처럼 여권을 조사한 경찰에게로 몰려들었다. 스탬프

없는 내 여권은 이 손에서 저 손으로 또 뒤로 옆으로 옮겨 다니다 어느 배 나온 중년 경찰의 손에 가서 멈추었다. 그는 나를 억세게 잡더니 방 안쪽으로 끌고 갔다.

사무실 한쪽 구석에 작은 문이 하나 더 있었다. 그는 그곳으로 나를 끌고 갔다. 열 발자국 남짓한 그 거리를 끌려가면서 나는 사형장으로 가는 사형수의 심정을 체험했다. 여기서 '상황 종료'라니 믿기지 않을뿐더러 화도 났다. 집에 두고 온 가족들도 생각나고, 그동안 내가 걸어온 인생도 파노라마처럼 스치고 지나갔다. 그러나 어느 것 하나 후회스럽지 않았다. 이곳에 들어오려고 너무 무리한 내가 원망스러울 뿐이었다.

경찰은 방문을 열고 억지로 나를 끌고 들어갔다. 서너 명의 경찰도 따라 들어왔다. 문을 열고 들어가니 대통령 사진과 국기가 정면 벽을 가득 채우고 있고 그 한가운데 커다란 책상이 놓여 있었다.

그런데 그 한가운데 앉아 있는 사람의 얼굴을 보고 난 깜짝 놀라고 말았다. 낯익은 얼굴! 우연이라고 하기에는 너무 극적인 우연! 그랬다. 책상 앞에 앉아 있는 사람은 방금 전 계단 앞에서 담배를 피우던 그 남자였다. 그와 나는 거의 동시에 놀라며 헤어졌던 친구를 만난 것처럼 요란스럽게 악수를 했다. 그는 공항 청사의 경찰 대장이었다.

나를 끌고 왔던 경찰은 뜻밖의 상황에 당황하며 말을 꺼냈다.

"이 자의 여권을 점검해 보니 입국 스탬프가 없었습니다. 미국에 사는 한국인이라고 하던데 아무래도 수상합니다. 조사를 해 보는 것이 좋겠습니다."

176

이름도 모르는 경찰 대장은 내 여권을 휙 보더니 무슨 일이냐고 내게 물었다.

"내 여권에 스탬프가 없어요? 아니, 없을 리가 없는데. 도대체 어떻게 된 건지 알 수가 없네……."

나는 이실직고하지 못하고 말을 흐렸다. 경찰 대장은 뇌물의 영향인지, 나의 능청을 믿어 주는 것인지 들고 있던 여권을 내게 돌려 주었다. 그리고 옆에 서 있는 경찰에게 차를 속히 대기시키라고 지시했다. 경찰이 나가자 그는 입을 열었다.

"내가 국경 검문소에 전화를 해 놓을 테니 빨리 가서 스탬프를 받아 오시오. 사람들이 많이 몰려 들어오니까 착오가 있었나 봅니다. 아무 걱정하지 말고 차가 오면 바로 떠나시오."

그는 바로 수화기를 들더니 국경 검문소로 전화를 했다.

나는 그 길로 경찰차를 타고 국경 검문소로 갔다. 국경 검문소 경찰들은 아무 잘못도 없이 행정 착오의 주범으로 몰려 어찌할 바를 몰라 했다. 미안했지만 어쩔 수 없었다. 다시 경찰차로 공항에 도착하니 키 작은 경찰 대장은 처음 만났던 계단 앞에 나와 기다리고 있었다. 뒤에 서 있던 경찰이 내게 비행기 표를 내밀었다. 그동안 67달러가 없어 해프닝을 벌였다는 사실을 파악한 듯 했다. 나는 융통성 없이 버티던 매표 창구의 뚱뚱한 중년 부인에게 70달러를 집어 주었다. 그녀는 미안해서인지 두려워서인지 고개도 들지 못하고 돈을 받았다.

시간이 다 되어 탑승 수속을 마치고 활주로로 나갔다. 짧은 시간 내에 가까운 친구가 되어버린 경찰 대장도 나를 안내하며 활주로까지 걸어 나왔다. 경찰 대장이 나가니 부하 경찰들도 주르르 좇아 나왔다. 앞서 가던 현지인들은 경찰의 에스코트를 받으며 비행기 탑승대까지 걸어가는 나를 힐끔힐끔 쳐다보았다. 분명 고위층이나 VIP라고 생각했을 것이다.

이렇게 팔자(?)가 한순간에 변하기도 처음이었다. 경찰의 경호를 받으며 비행기에 오르는 사람이 밀입국자라는 사실을 그 많은 탑승객 가운데 누가 알았겠는가! 사람들은 우연히 그렇게 되었다고 말할지 모른다. 그러나 이런 우연이 내게 자주 일어난다는 것은 어떻게 말할 수 있을까? 누가 완전한 시나리오를 만들어 조종하는 것이 아닐까?

그 시나리오를 만든 사람이 누구인지 세상 사람은 모를 것이다. 내 뒤에 버티고 있는 든든한 분이 얼마나 큰지도 사람들은 모를 것이다. 그분이 내 인생을 한순간의 실수도 없이 지키고 계신다는 사실을 알면 놀라 까무러칠 것이다. 그분이 있기 때문에 오늘도 나는 '철의 장막' 같은 나라들도 배짱 두둑이 드나드는 것이다.

변화된 삶은 고통스럽게 아름답다

일류사는 홀어머니 밑에서 자란 아들이다. 고려인 어머니는 시베리아 끝자락의 극동에서 스탈린에 의해 강제 이주당했다. 고려인들은 1937년 혹한이 몰아치던 어느 날 밤, 갑작스런 통보를 받고 중앙아시아의 광야로 실려 왔다. 기차에 실려 가는 먼 여정 길에 몸이 약한 노인들과 어린이들은 하나 둘씩 죽어 갔다. 장사할 수 없어 시체를 차창 밖으로 버리는 일도 있었다. 임산부는 혹한의 추위를 막지 못하는 기차에서 출산을 하다 아이와 함께 죽기도 했다. 강제 이주당한 고려인들은 그렇게 끌려와 아무것도 없는 허허벌판에 쓰레기처럼 버려졌다

고려인들은 겨울이 지나기도 전에 밭을 일구기 시작했다. 이들은 양이나 소를 키우는 중앙아시아 민족들에게 채소 재배하는 법을 알려 주었다. 고려인은 그들에게 귀한 손님이었다.

고려인들은 가진 땅이 없으니 농사지을 만한 땅을 빌리기 위해 봄이 되면 수백 킬로미터 떨어진 곳까지 가야만 했다. 그곳에서 원두막 같은 '다차' 라는 임시 움막집에서 지냈다. 농사 짓는 봄부터 가을까지 그 임시 움막에서 보내다가 겨울이 되면 집으로 돌아왔다. 지금도 고려인들은 생존을 위해 이런 전쟁 같은 삶을 살고 있다.

일류사의 어머니도 그런 고려인 중의 한 분이다. 여름이면 밭에 나가 농사를 짓고 겨울이면 시장에 나가 장사를 했다. 그것도 모자라 공장에서 일을 했다. 닥치는 대로 노동을 해야만 생존할 수 있는 불쌍한 우리의 어머니. 그래도 어머니가 고통스런 나날을 견딜 수 있는 것은 바로 살붙이로 유일하게 남겨진 아들 일류사 때문이었다. 일류사의 성공을 보겠다는 소망 때문에 어머니는 몸이 부서져라 일했다. 사는 것이 힘들어 몇 번이나 죽을 결심을 하다가도 다시 일어서는 것도 일류사 때문이었다. 그런 어머니의 정성 때문인지 일류사는 일류 대학에 입학했고, 대학에서도 수재 그룹에 속할 정도로 성적이 탁월했다. 졸업하면 어느 직장이든 원하는 대로 갈 수 있을 거라고 주변 사람들은 부러워했다.

일류사가 대학 2학년을 시작할 무렵 한 선교사를 만났다. 미국 대학생으로 중앙아시아에 단기 선교를 왔다가 장기 선교사로 헌신한 사역자였다. 그는 대학생들을 초청해 영어 성경 공부를 시작했다. 일류사는 영어를 배우겠다는 생각에 그 모임에 참석하기 시작했다.

성경 공부 시간, 일류사는 자기 상식과 공산주의 이데올로기를 들어가며 성경을 강하게 반박했다. 성경에 어떤 허구가 있는지, 신앙이 왜 불필요한지에 대해서도 자신의 주장을 내세워 가며 선교사를 공격했다. 선교사는 그런 일류사를 자기 집으로 초청하여 토론을 하기도 하고, 설득하기도 했다.

그렇게 6개월이 지났다. 성경에 대해 부정적이던 태도, 공격 일변도였던 말도 조금씩 변하기 시작했다. 점점 성경에 대해 궁금증을 보이며 진리에 대해 알고 싶어 하는 눈치였다. 선교사는 일류사의 그런 변화를 알고 집으로 초청해 며칠 동안 늦은 밤까지 복음의 핵심에 대해 설명했다. 어느 순간이 되자 일류사는 망설일 이유가 없다며 예수를 주님으로 영접했다. 성경 공부를 계속하며 친구들에게도 복음을 전하기 시작했다. 한번 변화되고 나자 그의 변화 속도는 상상할 수 없을 정도로 빨랐다.

진로를 결정해야 할 졸업 시기가 다가왔다. 학교에서는 그를 정부 기관에 추천하겠다고 했고, 한창 주가 높은 미국 기업으로부터 스카우트 제의도 들어왔다. 어느 쪽으로든 결정하기만 하면 안정된 삶이 보장될 터였다. 그러나 그의 더 큰 고민은 어떤 직장을 선택하느냐가 아니었다. 자신의 인생을 주님께 드려 전임으로 복음 전하는 사람으로 살고 싶은 마음과 현실을 무시할 수 없음에서 오는 갈등으로 갈피를 잡지 못했다. 황무지 같은 이 나라에서 전임 사역자로 사는 것이 얼마나 큰 희생이며 고통스러운 길인지 모르는 바가 아니지만, 주님을 만나고 새로워진 자신의 삶을 볼 때 그 길만이 인생을 가장 행복하게 해 줄 것 같았다.

마음에 걸리는 것은 어머니였다. 지금까지 자신을 유일한 소망으로 알고 온갖 고생을 달게 겪은 어머니가 과연 허락하실지, 만약 반대하신다면 고집하며 그 길을 갈 수 있을지 자신이 없었다. 이런 고민 속에 기도로 밤을 새웠다. 일류사의 고민은 한 달이 넘도록 계속되었다. 드디어 그는 사역자의 길을 가는 것이 최선이라는 결론을 내렸다. 그리고 용기를 내어 어머니께 소원을 이야기했다. 예상대로 어머니는 큰 충격을 받으셨다. 며칠 동안 몸져누워 일어나지도 못하셨다. 지금은 불효 중의 불효라고 생각하실지 모르지만 후에 이 선택이 최선이었다는 걸 아실 거라 믿으며 기다렸다. 그러나 어머니는 끝까지 일류사의 선택을 받아들이지 않으셨다. 일류사는 괴롭고 힘들었지만 결정한 대로 주님이 부르신 전임 사역자의 삶을 시작했다. 어머니는 몇 년 동안 서러움과 배신감에 아들을 만나지 않았다.

그렇게 몇 년이 지났을 무렵, 어머니의 조카가 자살하는 일이 벌어졌다. 러시아에서 좋은 직장을 다닌다며 늘 자랑하던 조카였다. 그의 죽음은 어머니에게 큰 충격을 주었다. 지금까지 생각하던 인생의 성공이 무엇인지 고민하기 시작했다. 비록 아들은 자신이 원하는 대로 좋은 직장에 가지는 않았지만 기쁘게 살아가는 듯했다. 그러나 세상적으로 좋은 환경에 있는 조카는 자살을 택했다. 어떤 삶이 진정 사랑하는 아들이 가야 할 길인가 어머니는 다시 생각했다. 그리고 아들이 선택한 인생을 받아 주자고 결심했다. 어머니는 일류사를 불러 그의 길을 받아들이겠다고 선언하셨다. 일류사는 같은 선교단체에서 훈련 받고 국영 기업체의 회계사로 일하는 자매를 아내로 맞았다. 결혼을 하고 어머니와 한 집에서 살기 시작했다. 며느리는 항상 어머니를 위해 기도했다. 마침내 어머니는 예수를 영접했고, 신앙은 하루가 다르게 깊어져 갔다.

일류사는 그가 선택한 길을 후회하지 않는다. 유명 기업에서 잘나가는 대학 친구들과 자신의 삶을 비교하지 않는다. 눈에 보이는 것이 전부가 아니라는 걸 알기 때문이다. 고통스럽게 아름다운 삶을 사는 일류사에게 응원을 보낸다.

그분의 계획표가 더 정확하다

타지키스탄으로 가는 비행기는 일주일에 두 번 알마티 공항에서 출발한다. 러시아제 야크 기종으로 20여 명이 타는 작은 비행기다. 소련 공군이 사용하다 소련이 붕괴되면서 독립 국가들이 여객용으로 개조했다. 그래서 우리가 생각하는 기내 시설은 거의 기대할 수 없다. 방음이나 난방도 제대로 되지 않아 한번 타면 다시는 타고 싶지 않았다. 그러나 고립된 곳 타지키스탄으로 갈 수 있는 유일한 교통수단이기에 그나마 감지덕지하는 수밖에.

그날도 타지키스탄의 오지 마을인 '루피카르'를 개척하기 위해 교회 팀을 데리고 가는 길이었다. 카자흐스탄 본부 사역자들이 비행기 표를 구입해 두고 재확인까지 하며 우리의 여행을 철저히 준비했다. 워낙 비행기 출발 시간이 들쭉날쭉하여 예정보다 4시간이나 일찍 공항으로 갔다. 창구 직원은 손으로 일일이 쓴 승객 명단에서 우리의 이름을 대조해 보더니 잠시 앉아서 기다리라고 했다. 단체이기 때문에 한꺼번에 수속해 주겠다는 뜻으로 알고 별다르게 생각하지 않았다. 그런데 한 시간이 지나도록 직원은 이렇다 할 얘기가 없었다. 다시 창구로 가서 물어 봐도 앉아서 기다리라는 대답만 할 뿐이었다.

우리보다 늦게 도착한 승객들은 이미 수속을 끝내고 모두 청사 안으로 들어갔다. 다시 수속 창구로 갔다. 이번에는 책임자인 듯한 사람에게 물었다. 그는 여기저기 흩어진 서류를 뒤지며 목록을 확인하더니 오늘은 좌석이 없다며 서류들을 챙겨 떠나려고 했다. 순간 피가 거꾸로 솟는 것처럼 화가 났다. 이런 황당한 일을 처음 겪는 것은 아니지만 여전히 공산주의 사고에서 벗어나지 못하는 이 사람들의 태도에 화가 나 참을 수가 없었다. 나도 모르게 앞에 놓인 안내판을 내리쳤다. 순간 창구에 있던 항공사 직원은 물론 청사 안에 있던 사람들의 시선이 이곳으로 쏠렸다. 그러나 그런 것이 눈에 들어오지 않았다. 불같이 소리 지르며 항의하자 처음에는 기분 나쁘다는 표정을 짓던 창구 직원들도 사태가 좀 심해진다고 느꼈는지 나를 진정시키려 했다.

그러나 이미 상황은 끝난 뒤였다. 우리의 자리는 모조리 빼앗겼고 이미 비행기는 활주로를 향해 나아가고 있었다. 결정을 해야 했다. 3일을 더 기다려 비행기를 타고 갈 것인지, 아니면 육로 여행을 택할 것인지. 비행기를 탈 수 있다는 확실한 보장만 있다면 기다리는 것이 낫겠지만 이런 상황에서 누가 보장을 하겠는가? 그래서 고생스럽지만 육로를 이용하기로 결론을 내렸다.

눈발이 흩날리는 오후, 어렵게 차를 빌려 밤새도록 우즈베키스탄 국
경까지 달렸다. 국경이 열리자마자 입국 심사를 받고 우즈베키스탄에
입국하여 타지키스탄 국경까지 갈 수 있는 차를 다시 빌려 출발했을 때
는 이미 낮 12시가 넘어가고 있었다. 이제 고작 하루가 지났을 뿐인데
일행은 많이 지쳐 있었다. 앞으로 하루가 걸릴지, 이틀이 더 걸릴지 모
르는 일이었다. 그러나 계획된 사역을 시작하려면 한시라도 빨리 현장
에 도착해야 한다는 생각으로 앞뒤 가릴 겨를이 없었다.

우즈베키스탄을 통과하는 데는 더 많은 시간이 걸렸다. 검문소도 많
고 받아야 할 서류도 많아 시간은 계속 지체되었다. 타지키스탄 국경에
도착하니 4일째 되는 아침이었다. 작은 국경 검문소 대기실에는 십여
명이 입국을 기다리고 있었다.

나르기스 아주머니도 대기실에 두 아들과 함께 앉아 있었다. 무작정
기다리는 것이 무료하여 꼬마 캄야르와 장난을 시작한 것이 그녀와 인
사하게 된 계기였다. 아주머니는 친척 결혼식에 다녀오는 길이라고 했
다. 살고 있는 동네를 물어보니 '안콥'이라는 곳으로, 우리가 가려던 루
피카르와 산맥을 사이에 둔 반대편 마을이었다. 아주머니는 시간이 되
면 자기 마을에 한번 다녀가라고 자세하게 길을 적어 주었다. 마음은 그
러고 싶었지만 이미 많은 시간을 허비했고 그곳은 우리 목적지와 반대
방향이기에 기회가 되면 그러겠다고 예의상 대답하고 말았다.

두 시간 남짓 기다려 비자 수속과 세관 검사를 모두 마치고 입국을 허락받았다. 그 과정에서 관리들과 몇 차례 실랑이를 벌였지만 생각보다 어렵지 않게 입국에 성공했다. 국경 검문소를 나오니 현지인 책임자가 기다리고 있었다. 차 안에서 4일 동안 꼼짝도 못한 일행은 피곤에 지친 모습이었지만 도착했다는 안도감 때문인지 생기가 돌기 시작했다.

그런데 현지인 책임자가 걱정스런 표정으로 입을 열었다.

"안 좋은 소식이 있는데……."

긴장이 풀어지려다 다시 가슴이 철렁하고 내려앉았다.

"우리가 가려던 길이 산사태로 무너져 내렸답니다. 그래서 지금은 루피카르로 갈 수도 없고, 그곳 사람들이 나올 수도 없답니다."

"뭐라고요? 그 길이 복구되는 데는 며칠이나 걸리는데요?"

"지금 이곳은 내전 중이기 때문에 그런 것을 복구할 여력이 없습니다. 빨라야 몇 개월이고, 몇 년이 걸릴지 모릅니다."

계속되는 난관에 나도 지쳤고 일행에게 어떻게 상황을 설명해야 할지 막막하기만 했다. 목적지로 간다는 소망 때문에 4일 동안의 고생을 견딜 수 있었고 이제 다 도착했다고 좋아했는데, 아예 그곳에 갈 수가 없다니…….

일행에게 전후 사정을 설명하니 예상대로 커다란 실망이 터져 나왔다. 질퍽한 길바닥에 주저앉아 눈물을 흘리는 사람도 있었다. 내가 할 수 있는 말은 '주님의 인도하심을 구하자'는 것밖에. 그때 몸이 약해 우리의 걱정거리였던 자매가 일어나더니 입을 열었다.

"처음에 저는 비행기를 못 타고 4일 동안이나 고생하며 온 것은 누군가의 잘못이라고 생각했습니다. 그런데 지금 와서 보니 이것은 주님의 축복이었습니다. 만약 그때 비행기를 탔다면 우리는 루피카르로 갔을 것이고 그러면 오늘 산사태로 루피카르에서 완전히 고립되었을 것입니다. 어쩌면 몇 달 동안 그곳에 갇혀 나오지 못할 수도 있었을 텐데 주님이 그것을 피하게 하셨다고 생각지 않으세요? 지금까지 우리의 계획대로만 가려고 했는데 주님은 달리 인도하신다는 생각이 듭니다. 우리 계획을 다 내려놓고 주님의 인도하심을 따라 갔으면 좋겠습니다."

자매의 말에 귀 기울이던 사람들은 인간적인 생각으로 원망했음을 회개하며, 알지 못하는 주님의 계획을 기대하기 시작했다. 성령께서 역사하시는 현장에 있게 되어 감사하다는 사람도 있었다. 불평과 원망에서 감사와 기쁨으로 회복되고 있었다. 난 힘주어 말했다.

"안콥으로 갑시다."

현지인 책임자는 '갑자기 웬 안콥?' 하는 표정을 지었지만 우리 일행은 그 말의 의미를 알고 손뼉을 치며 차에 올랐다.

나르기스 아주머니가 적어준 설명을 따라 안콥에 도착하니 캄야르는 우리가 오는 걸 어떻게 알았는지 마을 밖 산 어귀까지 뛰어와 우리를 맞았다. 꼬마와 함께 찾아간 집은 그 마을에서 가장 큰, 그야말로 대궐 같은 집이었다. 알고 보니 나르기스 아주머니는 이 지역 주지사의 첫째 딸이었다. 아주머니는 천사를 만난 것만큼이나 기뻐하며 우리를 맞아 주었다. 벌써 마당에서는 이웃 어른들이 양을 잡고 있었다. 그리고는 내장

"저의 5년간의 기도가 응답된 것입니다.
이 마을을 잊지 않으셨다는 하나님의 뜻을 발견한 날입니다."

튀김에서부터 시작된 여덟 가지 정식 코스로 우리의 허기진 배를 채워주었다. 식사를 마치고 차를 마실 때 니르기스 아주머니는 흥분된 표정으로 입을 열었다.

"저는 예수를 따르는 사람입니다(이슬람 문화에서는 그리스도인임을 말할 때 '예수를 따르는 사람'이라고 표현한다). 친척집에 가서 공부하는 동안 성경을 읽으며 예수를 만났습니다. 그리고 교회를 다녔습니다. 당신들도 예수를 따르는 사람들인 것을 알고 있었습니다. 국경에서 만났을 때

마음으로 알 수 있었습니다. 주지사인 저희 아버지도 예수를 따르는 사람입니다.

제가 고향에 돌아온 지 5년이 되었습니다. 보시는 것처럼 마을 주민들은 모두 무슬림입니다. 그래서 5년 동안 선교사를 보내 달라고 기도했습니다. 그런데 당신들을 국경에서 만난 것입니다. 저는 주께서 원하시면 당신들이 우리 마을을 방문하면 좋겠다고 기도했습니다. 결국 당신들이 우리 마을에 이렇게 오게 되었으니 저의 5년 간의 기도가 응답된 것입니다. 이 마을을 잊지 않으셨다는 하나님의 뜻을 확인한 날입니다. 이 마을에 교회가 세워지고 더 많은 사람들이 예수를 알 수 있도록 도와주십시오. 하나님은 그 일을 위해 당신들을 보내셨다고 믿습니다."

아주머니의 이야기를 들으며 그동안의 여정이 길고 험했던 이유를 확실하게 알 수 있었다.

안콥에서 사역을 시작한 지 2년 만에 그곳에 교회가 세워졌다. 주지사는 선교사보다 더 열심히 마을을 찾아다니며 복음을 전했다. 나이가 들어 은퇴한 지금도 산악 마을을 찾아가 예수 영화를 나누어 주고 복음을 전하고 있다. 아주머니의 기도는 그렇게 열매를 맺어 갔다.

귀먹을 뻔한 귀머거리 할머니

　몇백 명밖에 살지 않는 산골 동네가 전쟁이 난 것처럼 소란스러워졌다. 어린아이부터 할머니, 할아버지에 이르기까지 온 동네 사람들이 모여들었다. 마을 회관으로 쓰는 좁은 건물 안에는 발 디딜 틈도 없었고, 들어가지 못한 사람들은 나무 조각으로 얽어 놓은 창문을 뜯고서라도 들어가겠다는 듯이 아우성이었다. 여기저기서 질서를 지키자는 외침이 들렸지만 군중들이 그런 소리에 고분고분 따라줄 리 만무했다. 의료 사역이 아니라 한판 전쟁이었다. 그도 그럴 것이 이런 산골 오지에 사는 사람들에게 의료 혜택은 꿈도 꿀 수 없는 것이었다. 오랜 세월 내전을 겪으며 타지키스탄 사회 체계는 붕괴되다시피 했고 그나마 유일하게 수도에 남아 있던 병원도 내전 동안 모두 문을 닫았다. 도시에 사는 사람도 의사 구경을 못하는 형편인데 해발 3천 미터가 넘는 오지의 사람들은 오죽하겠는가.

　이런 마을에 의사들이 왔으니 내과, 치과 그리고 약사만으로 구성된 간이 의료팀이란 게 무슨 상관이겠는가. 의사 한 명이면 모든 병을 다 고칠 수 있다고 철썩같이 믿는 사람들인데. 의료팀이 왔다는 소문이 마을에 퍼지자 하루도 빠짐없이 아픈 사람이건 성한 사람이건 가리지 않고 한꺼번에 모두 몰려 나왔다. 팀 리더는 순서표를 나누어 주고 치료할 날짜까지 정해 주었다. 그러나 그런 방법도 필사적으로 달려드는 사람들에게는 아무 소용이 없었다. 마을 회관으로 들어오는 길 입구를 봉쇄하여 사람들이 들어오지 못하게도 해 봤지만 소용없었다. 결국 마당에 임시 천막으로 대기실을 만들기로 했다. 그곳에 작은 TV를 긴급 공수하여 설치하고, 발전기를 돌려 영화를 상영했다.

　처음에는 러시아에서 불법 복사되어 시중에 떠도는 고전 영화들을 보여 주다가 어느 순간부터 아예 예수 영화를 상영하게 되었다. 마을 주민 모두가 무슬림이기 때문에 잘못하면 큰 문제가 생길 수 있어 주의깊게 반응을 관찰했는데 생각 외로 매우 호의적이었다. 얼마나 진지하게 영화를 보던지 어떤 사람은 치료할 차례가 되었는데도 자리를 떠나지 못하고 영화를 보고 있을 정도였다. 예수 영화 상영은 그들을 안정시켰을 뿐만 아니라 영적으로 자극하는 역할도 했다.

　아무런 문제 없이 일이 진행되고 있는데 사흘째 되던 날 내과실 칸막이 너머에서 큰 소리가 나며 실랑이가 벌어졌다. 허리도 펴지 못하는 할머니와 그를 부축하는 젊은 여인이 의사에게 격렬하게 항의했다. 의사는 설명하려 애를 썼지만 며느리인 젊은 여인의 목소리는 점점 더 커지고 있었다. 옆에서 통역하던 사역자도 진땀을 빼고 있었다.

의사는 당황하여 어찌할 바를 몰라 진료실을 나오며 투덜거렸다.

"귀가 많이 아프고 전혀 들리지가 않는다는데요, 제가 볼 때 귀가 아픈 것은 귓속에 상처가 좀 나서 그런 것 같고 안 들리는 것은 노환 때문에 귀가 멀은 것 같은데, 그것을 고쳐 달라고 저렇게 야단을 합니다. 어떻게 하면 좋겠어요?"

사실 이런 오지 사람들은 무슬림이라고는 해도 무속신앙에 가까운 사람들이 많다. 이들은 귀신을 쫓아내야 병을 고칠 수 있다고 생각한다. 하지만 그것은 의사가 할 수 없는 법! 그렇다고 그런 요구를 거절하면 마음을 닫는다. 이런 난감한 상황이 때론 온 마을을 변화시킬 수 있는 기회가 되기도 한다.

"기도합시다."

팀 리더도 이것이 시험이 아니라 기회라는 것을 알았다. 그리고 이것을 가능하게 하실 분도 하나님이라는 것을 믿었다.

"할머니를 모시고 와서 가운데 앉히세요. 우리 모두 간절히 기도합시다."

의사들의 얼굴에는 '의학적으로 가능하지 않은 것을 설마 낫게 해달라고 기도하는 것은 아니지요?'라고 쓰여 있었다. 다른 팀원들도 마지못해 기도에 동참하는 분위기였다. 이들의 교회는 병을 고치겠다고 이런 식으로 기도하는 것이 어색한 교회였다. 큰 소리로 기도하는 것도 익

숙지 않은 교회였다. 이것은 그들의 신앙에 새로운 도전이었고 맞지 않는 옷을 입는 것처럼 편하지 않은 시도였다.

그러나 이 상황을 피할 수도 없었다. 이런 기도를 어떻게 해야 할지 몰라 하나님, 하나님……만 외치는 이도 있고, 복음의 문이 열릴 수 있도록 병을 고쳐 주셔야만 한다고 절규하는 이도 있었다. 마을 사람들은 할머니 주변에 몰려와 '무슨 일이 일어나는지 보자'는 눈빛으로 우리를 지켜보고 있었다.

조용하게 시작된 기도는 금방 끝날 줄 알았다. 그런데 어느 순간부터 목소리가 커지고, 기도 내용이 간절해지면서 여기저기서 울음이 터져 나왔다. 회개하는 기도가 터져 나왔고, 확신에 차서 기적을 선포하는 기도도 들리기 시작했다. 그러더니 귀가 먼 할머니뿐만 아니라 주님의 음성을 듣지 못하고 구원의 소식을 듣지 못하는 불쌍한 마을 사람들을 위한 기도로 확대되었다. 그들은 한 영혼을 사랑하시는 예수님처럼 온 마을 사람들을 긍휼의 마음으로 끌어안고 있었다.

기도 소리는 점점 더 커져 갔다. 땀이 온몸을 적시고 목이 잠겨 왔지만 기도는 그치지 않았다. 마을 사람들이 더 많이 주변으로 몰려들기 시작했다. 무슨 큰일이라도 일어날 것 같은 느낌을 받은 모양이었다. 그렇게 기도가 최고조에 달하고 있는데 가운데 앉은 할머니가 갑자기 벌떡 일어났다. 그리고 며느리에게 다가가 큰 소리로 뭐라고 하는 것이었다. 기도하던 팀원들은 긴장된 얼굴로 며느리를 바라봤다. 그녀는 통역에게 한마디 하고는 환하게 웃었다.

"여러분 기도가 너무 시끄러워서 견딜 수가 없답니다. 귀가 들린대요!"

주위에 둘러 서 있던 마을 주민들이 손뼉을 치며 환호성을 질렀다. 완전히 녹초가 된 팀원들은 도리어 믿기지 않는다는 표정으로 자리에서 일어나지 못했다.

그날부터 의료 사역은 대변화가 일어났다. 불치병이 나았다는 소문이 나자 온갖 종류의 병이 있는 사람들이 몰려왔다. 그들은 병을 가져오는 귀신을 예수가 쫓아낸다며 자발적으로 예수를 믿겠다고 했다. 매일 저녁마다 예수가 어떤 분인지 가르치기 위해 누가복음을 영화화한 〈예수〉를 상영했다. 마을의 유일한 이슬람 회당의 이맘(이슬람에서 꾸란을 가르칠 수 있는 종교 지도자)도 와서 예수 영화를 보고 팀원들에게 기도해 달라고 부탁했다.

누가 선교의 주체인지 확실하게 보여주신 하나님! 불가능한 걸 가능하게 하심으로 하나님 나라를 한 뼘 더 확장해 가시는 하나님! 우리는 하나님이 만들어 가시는 역사를 기쁨으로 목도할 뿐이었다.

죽기 전에 마지막으로

3월이니까 우리로 치면 길가에 꽃이 피고 봄나물이 들판을 뒤덮을 그런 때였다. 그러나 타지키스탄에는 아직 봄의 정취를 어디서도 느낄 수 없었다. 전 국토의 93퍼센트가 산이고 그것도 해발 3천 미터가 넘는 산들이니 봄이 찾아오는 것도 쉽지 않으리라.

한겨울에 입는 소련제 털옷으로 무장한 현지인 책임자와 나는 파미르 고원 쪽으로 방향을 잡았다. 이곳에서 온 청년이 최근 예수를 믿게 된 것이 계기였다. 그의 고향 마을을 찾아가 복음을 전하고 그곳에 교회를 개척하고 싶었다. 그것은 청년이 밤마다 주님 앞에 나와 무릎 꿇는 기도 제목이기도 했다.

어렵게 차를 구해 산을 올랐다. 산등성이를 올라가는 길은 당나귀나 다닐 수 있을 만큼 좁고 험한 길이었다. 한쪽은 언제라도 돌이 굴러 떨어질 것처럼 보이는 다듬어지지 않은 절벽이었고, 다른 한쪽은 보기만 해도 멀미가 날 것 같은 깎아지른 낭떠러지였다. 그런 길을 한나절이 넘도록 올라갔다. 해가 중천을 넘어갈 무렵, 우리는 산 중턱에 다다랐다. 그곳은 정상의 눈이 녹아 흘러 장마철의 시골길처럼 질퍽한 진흙탕 길이 되어 있었다. 운전하던 형제는 조금 더 올라가 보겠다며 헛바퀴 도는 차의 엔진 속도를 높였지만 차는 맘대로 움직여 주지 않았다. 이곳만 넘어가면 괜찮을 거라며 형제는 가속 페달을 계속 밟았다.

그런데 그렇게 차를 이리저리 움직이다가 낭떠러지 쪽으로 움푹 파인 커다란 웅덩이에 한쪽 바퀴가 빠지고 말았다. 차는 윙윙거리며 공회전을 했지만 그럴수록 바퀴는 웅덩이 속으로 더 깊이 빠져 들어갔다. 차체는 온통 진흙으로 뒤덮였고, 빠진 바퀴는 앞으로도 뒤로도 나올 수 없는 지경이 되고 말았다. 세 사람은 있는 힘을 다해 웅덩이에서 차를 빼내보려고 애를 썼지만 허사였다. 이런 길은 지나가는 사람도 없을 터였다. 미안해하는 운전사 형제를 위로하며 뒷좌석에 앉아 있었다. 주께서 천사라도 보내 도움을 주지 않을까 기대하며 기도하고 있었다. 그때 현지인 책임자가 유리창을 똑똑 두드리며 나오라고 손짓했다.

"걸어서 내려갑시다."

그 말만 하고 그는 앞좌석에 있던 자기 가방을 주섬주섬 꺼내 내려가기 시작했다. '올라온 길이 얼만데 다시 내려가야 하다니……'

이해할 수 없었지만 다른 대책이 없어 나도 따라 길을 나설 수밖에 없었다. 올라오던 큰길로 가면 시간이 더 걸린다며 지름길인 골짜기로 앞장서 내려가기 시작했다.

골짜기는 아직도 눈이 엉덩이까지 쌓여 있었다. 이런 길을 얼마나 더 가야 동네가 나올지 모를 일이었다. 가다가 잘 곳이나 몸을 보호할 곳을 찾지 못하면 길에서 죽을 수도 있겠다는 생각이 들었다. 해가 지고 주변이 어두워졌다. 피로가 몰려왔고, 눈에 젖은 바지 때문인지 몸이 얼어붙는 것처럼 떨리기 시작했다.

'혹시 이렇게 죽을지도 모르겠다.' 죽음이라는 것이 실감나기 시작했다. 가족들의 얼굴이 스쳐갔다. 두고 온 아이들을 생각하니 마음이 울적해졌다. 남아 있는 에너지로 앞으로 몇 시간을 더 버틸지, 기온이 뚝 떨어지는 고산 지대의 밤을 지친 몸으로 얼마나 견뎌낼 수 있을지가 관건이었다.

그러나 최후의 순간까지 정신을 똑바로 차려야 한다고 마음을 다져먹으며 한걸음 한걸음 걷고 있는데, 앞서가던 현지인 책임자가 갑자기 걸음을 멈추었다. 뒤따라가던 내가 막 산등성이를 돌아설 때였다. 멀찍이 산기슭에서 희미하게 불빛들이 반짝이는 것이 보였다. 동네였다. 우리를 살려줄 동네가 나타난 것이다.

우리는 온 힘을 다해 그곳으로 달려갔다. 50호도 안 돼 보이는 작은 마을이었다. 그런데 막상 마을에 도착하니 그리 늦지 않은 시간임에도 인기척이 전혀 없었다. 불이 켜져 있는 집보다 꺼져 있는 집이 더 많았다. 우리는 동네 입구에 있는 집으로 들어갔다. 문을 여러 차례 두드려 보았지만 아무런 대답이 없었다. 이상한 느낌이 들어 방문을 열어 보았다. 그런데 온 식구가 꼼짝도 못하고 누워 있는 게 아닌가.

"장티푸스 같아요."

현지인 책임자가 떨리는 목소리로 말했다. 옆집으로 달려가 문을 열었다. 그곳도 비슷한 상황이었다. 식구들이 하나같이 방안에 누워 시체처럼 꼼짝도 못하고 있었다.

그날 밤 우리는 닥치는 대로 마을을 돌아다니며 병간호를 했다. 계곡의 눈을 퍼다 끓여 먹이고, 오물을 치워 주변을 청결하게 했다. 그러나 장티푸스를 치료할 약이 있는 게 아니라서 더 이상 할 수 있는 일이 없었다. 더구나 우리도 산을 내려오면서 지칠 대로 지쳐 있었기 때문에 이제는 우리가 병에 걸릴 지경이었다.

다음 날, 거동할 수 있는 사람들을 모아 시체를 매장하고 물건을 태웠다. 어떤 집은 한 가족이 모두 사망하는 바람에 집을 몽땅 태우기도 했다. 이 지역에서는 장티푸스가 많이 발생하여 수만 명이 동시에 사망하기도 했다고 한다. 어떤 때는 한동네가 하루아침에 없어져 버리는 안타까운 일이 벌어지기도 했단다. 그런데 그 일이 우리 눈앞에서 벌어지고 있으니 충격이 아닐 수 없었다. 아무리 애를 써 봐도 병이 치료될 기미는 전혀 보이지 않았다. 오히려 그들에게 아무 도움도 되지 못한다는 자괴감만 커지고 있었다. 우리가 할 수 있는 일을 찾아야 했다.

"우리가 사람들을 치료하는 것은 한계에 온 것 같아요. 그러니 한 번만이라도 예수 그리스도의 복음을 듣게 해 주는 것이 좋겠어요."

현지인 사역자도 동의했다. 이 상황에서 영원한 생명을 전하는 것보다 더 시급한 것이 무엇이 있겠는가!

　현지 언어를 장황하게 할 수 없었던 난 그저 '예수 그리스도만이 구세주입니다. 그분을 나의 구주, 나의 하나님으로 영접하면 영원한 생명을 얻습니다……' 라고만 간절한 마음으로 귀에 대고 들려 주었다. 의식이 없는 사람들에게도 똑같이 했다. 목숨이 끊어지기 직전에라도 구원의 메시지를 들을 수만 있다면 이보다 더 귀한 일은 없을 터였다.

　그런데, 놀라운 일이 벌어졌다. 어떤 사람은 의식이 없는 상태에서 갑자기 눈물을 흘렸다. 어떤 사람은 잠시 의식을 회복하더니 '이사 마시(예수 그리스도)……'라고 고백하다가 숨을 거두기도 했다. 도저히 믿기지 않는 역사들이 죽음의 동네에서 일어나고 있었다.

　며칠 동안 병간호로 마을을 떠나지 못하고 있는데 운전했던 형제가 동네 청년 서너 명을 데리고 산에 올라 차를 가져왔다. 우리는 그 길로 차를 타고 도시로 달려갔다. 현지인 책임자는 강력한 소련제 소독약과 장티푸스 치료약을 가득 얻어 왔다. 그 사이 마을에서는 병세가 더 악화되어 장례를 치르는 집들이 늘어가고 있었다. 우리는 가져 온 소독약으로 우물을 소독하고 집집마다 장티푸스 치료약을 나누어 주었다. 옷을 빨고, 식기를 소독하고, 주변을 정리하느라 며칠이 더 걸렸다. 동네 사람들은 하나 둘씩 건강을 회복하기 시작했다.

　마을에 생기가 점점 돌기 시작할 무렵, 우리는 도시로 내려왔다. 차 안에서 현지인 책임자는 두 가지 비밀을 알려 주겠다며 말을 꺼냈다.

"첫 번째는 이 지역이 모두 반군 지역이라는 것이에요. 지금 정부군과 반군이 치열하게 전쟁을 벌이고 있는데, 주력 부대가 대부분 이 지역에 살아요. 저 사람들이 마음만 먹으면 우리를 죽이는 것은 식은 죽 먹기였을 겁니다. 그런데 아무 문제가 없었다는 것은 기적이라 할 수 있지요. 두 번째는 어제 동네 어른 몇 분이 와서 부탁하기를, 예수를 믿겠다는 사람들이 많이 있는데 성경 공부를 해 달라고 하는 겁니다. 그래서 교회를 개척하겠다고 했어요."

현지인 책임자는 약속대로 그곳에 사역자를 보내 교회를 개척했다. 얼마 후, 타지키스탄의 내전은 끝났다. 그리고 그 마을 출신 청년 두 명이 도시로 내려와 사역자 훈련을 받고 지금은 목회자로 사역하고 있다. 장티푸스로 죽어 가는 사람들에게 마지막으로 건넨 복음이 한 알의 씨앗이 되어 새들이 깃들 수 있는 큰 나무가 될 줄 그때는 상상도 하지 못했다. 하나님의 보이지 않는 손이 이 마을을 감싸고 있었다.

묻히는 곳이 고향이지

존은 오랜만의 귀향이 기쁘기보다는 두렵다고 했다. 그도 그럴 것이 고향 영국을 떠나 산 세월이 인생의 절반이 넘으니, 이제 영국은 가서 적응해야 할 또 하나의 선교지가 되었다. 고등학교 교사였던 존이 아프리카에 봉사하러 갔다가 그곳의 교육 현실에 충격을 받고 헌신을 결심한 것이 벌써 22년 전 일이다. 처음에는 케냐의 한 학교에서 아이들을 가르쳤다. 그러던 중 소말리아에서 내전이 발발했다. 먹을 것이 없어 죽고, 사소한 병으로 죽는 일이 부지기수였다. 소말리아 난민촌으로 건너갔다. 존은 간이 천막에서 아이들을 가르쳤다.

그렇게 2년이 흐른 어느 날, 존은 아이들을 가르치다 의식을 잃고 쓰러졌다. 용광로의 쇳덩이만큼이나 펄펄 끓는 그를 업고 주민들은 도시로 뛰었다. 난민촌을 떠나면 안 된다는 규정은 생각할 겨를도 없었다.

의사는 존이 말라리아에 걸렸고 소생할 가능성이 별로 없다고 했다. 소말리아 주민들은 의사를 붙잡고 살려달라 애걸했다. 그사이 병원에서 통보를 받은 영국 대사관 직원이 와서 그를 인근 미군 기지로 옮겼다. 주민들은 의식을 잃고 떠나는 존에게 마지막 인사를 했다. 미군 기지 병원에서 존은 기적적으로 살아났다. 영국 대사관 측은 존에게 이곳을 떠나라고 했다. 허약해진 몸 상태로는 또 풍토병에 걸리기 십상이고 그때는 치료할 시간도 없이 죽게 될 거라고 주의를 주었다.

어쩔 수 없이 이곳을 떠날 수밖에 없었다. 두바이를 경유하여 영국으로 가는 비행기에 몸을 실었다. 두바이에서 영국행 비행기를 기다리는 동안 소말리아 난민촌에 있는 학생들에게 편지를 썼다. 기적적으로 살아날 수 있게 해 준 사랑에 대한 감사와 작별 인사도 하지 못하고 떠나는 미안함을 엽서에 담았다. 그리고는 앞으로의 진로에 대해 기도했다.

그때 한 사람이 다가와 펜을 빌려 달라고 부탁했다. 그러면서 자연스럽게 대화가 시작됐다. 존은 아프리카에서 교사로 일하다 고향으로 돌아가는 길이라고 소개했다. 그러자 그는 중앙아시아 타지키스탄의 사역자인데 영어 교사가 필요하여 기도하고 있었다며 놀라워 했다. 그는 존에게 타지키스탄에 와서 도와 달라고 했다. 너무 갑작스러운 일이지만 혹 이것이 주님의 부르심일지도 모른다는 생각에 그와 자세한 이야기를 나누다가 고향으로 돌아왔다. 고향에서 요양을 하는 동안 두바이 공항에서 만난 사역자가 자꾸 머리에 떠올랐다. 다시 어디론가 떠나야 한다는 사명감도 강하게 일었다.

그는 구체적으로 진로를 위해 기도하기 시작했다. 다른 나라에 가서 섬기는 삶을 살아야 한다면 어떤 나라인지 알려 달라고 기도했다. 그럴 때마다 공항에서 만난 사역자가 생각났다. 존은 이것이 와서 도와 달라는 마게도니아 사람의 목소리라는 확신을 갖게 되었다.

존이 타지키스탄에 도착했을 때는 정부군과 반군이 한창 내전을 하고 있을 때였다. 정부는 학교에 신경 쓸 여력이 없었다. 그러다 보니 교육 시설이 열악한 것은 물론이고 교사 수급도 잘 안 되는 상황이었다. 존이 고등학교에서 영어를 가르칠 수 있도록 허락받는 것은 그리 어렵지 않았다. 존은 결혼도 하지 않고 열심히 타지키스탄의 사역을 도왔다. 그렇게 10년이 흘렀다.

내전이 끝나자 정부도 빠르게 안정을 찾아갔다. 그러나 한편으로는 이슬람 과격파들이 사회 곳곳에서 득세하고 있었다. 존이 헌신적인 교사라는 것을 모르는 사람이 없었지만 일부 과격파들은 그가 선교사라는 것을 알고 위협하기 시작했다. 심지어 그를 스파이라고 소문을 내고 그와 내통하는 현지인은 가만두지 않겠다는 협박도 일삼았다. 존은 현지 사역에 방해가 되어서는 안 된다는 생각에 타지키스탄을 떠나야겠다고 마음먹었다.

떠나기 한 달 전쯤, 함께 사역하는 사람들이 모여 송별회를 했다. 그에게 복음을 듣고 산악 지역에 가서 개척 교회를 하는 형제도 내려왔고, 통역으로 오랫동안 존을 돕다가 결혼하여 다른 도시로 간 자매도 동참했다. 하나같이 존이 떠나는 것을 아쉬워했다.

"제가 여기서 받은 사랑은 잊지 못할 겁니다. 주님이 원하시면 우리는 다시 만날 수 있습니다. 지금은 영국으로 돌아가지만 또 주님이 어느 지역으로 인도하실지 모릅니다. 그 나라가 어느 나라든 그곳에 가서도 여러분을 기억하고 기도하겠습니다."

송별회가 끝나고 모두 집으로 돌아갔다.

온 동네가 적막에 빠져든 한밤중에 갑자기 문을 세차게 두드리는 소리가 들렸다. 다급하게 뭐라고 외치는 소리도 들렸다. 문을 열고 나가 보니 존의 옆집에 살고 있는 에디크였다.

"큰일 났어요. 존이 습격을 받았습니다."

전후 사정을 다 듣지도 않고 존의 아파트로 달려갔다. 이미 경찰과 인근 주민들이 몰려 나와 계단 입구를 막고 있었다.

"무슨 일입니까?"

아파트 문을 막고 있던 경찰에게 물었다.

"여기 살던 외국인이 강도의 습격을 받았습니다. 지금 병원으로 데리고 갔습니다."

우리는 병원으로 달려갔다. 응급실에 들어갔지만 그는 그곳에 없었다. 수술실 문도 굳게 닫혀 있었다.

'설마…… 설마…….'

병원 건물 뒷편에 있는 영안실로 뛰어 갔다. 한 무리의 경찰들이 몰려와 있었다. 대사관 직원처럼 보이는 외국인들도 눈에 띄었다. 웃음 짓던 존의 얼굴이 희미한 불빛에 잠시 피어올랐다. 불과 몇 시간 전까지 우리

아이들에게 이야기해 주던 소망의 나라로. 그곳에서 다시 만나자는 약속만 남긴 채
그는 떠나고 말았다.

와 함께 있었는데…….

 고등학교가 내려다보이는 산 중턱에 그를 묻었다. 학생들 몇몇이 존이 가르쳐 주었다는 영어 노래를 부르는 동안, 좁은 땅속으로 그의 지친 몸을 천천히 내려 보냈다. 이 땅 영혼들을 위해 가진 걸 다 쏟아 붓던 존은 마지막 피 한 방울마저도 이 땅에 묻고 떠났다. 아이들에게 이야기해 주던 소망의 나라로, 그곳에서 다시 만나자는 약속만을 남긴 채 그는 떠나고 말았다.

사람 먹는 종족

　사람 잡아먹는다는 종족을 찾아 가기로 했다. 아프리카도 아닌 중앙 아시아에 그런 종족이 산다는 것이 이해되지 않았지만 전 국토가 만년 설로 뒤덮인 산으로 둘러싸인, 그야말로 고립된 나라이니 그럴 수도 있 겠다 싶었다. 현지인 사역자의 안내를 받아 찾아간 마을은 예상보다 멀 지 않은 곳에 있었다. 풀 한 포기 없는 바위산으로 둘러싸인 곳에 자리 잡은 마을이었다. 마을 입구에서 길바닥에 밀을 깔아 놓고 타작하는 노 인을 만났다. 옛날 우리나라 농촌 풍경과 별반 다르지 않았다. 신기한 듯 쳐다보는 노인의 모습도 크게 달라 보이지 않았다. 정말 사람 잡아먹 는다는 종족이 맞을까?

　현지인 책임자는 우리를 마을의 가장 어른인 촌장에게 데려갔다. 가 는 길에 처마 밑에 사람 뼈라도 달려 있지 않을까, 마당에 먹다 남은 시체라도 버려져 있지 않을까, 늘어선 집들을 하나하나 유심히 살폈다. 그러나 중앙아시아 어느 곳에서나 볼 수 있는 평범한 모습이었고 이상한 낌새도 느낄 수 없었다. 만나 본 촌장 어른도, 마을 사람들도 똑같아 보였다. 그렇다고 '당신은 사람을 잡아먹습니까?'라며 대놓고 물어 볼 수도 없는 노릇이었다.

현지인 책임자는 촌장 집 마루에 앉아 이런저런 얘기를 시작했다. 이곳 문화에서는 이것이 서로의 친분을 만드는 시작이고 현지인에게 존경을 표현하는 방식이기도 했다. 따라서 마을을 처음 방문하면 항상 최고 어른께 예의를 갖추어야 하고, 원로들에게도 인정을 받아야 한다. 어느 정도 대화가 무르익자 우리에 대한 호의를 표가 나도록 드러내기 시작했다. 그러더니 언제 준비한 것인지 성대한 식사가 차려졌다. 그래 봐야 고기와 빵으로 만든 요리가 전부지만 이분들의 입장에서는 최선을 다해 대접하는 것이다. 그러니 손님이 와서 음식을 먹지 않는 것은 성의를 무시하는 것으로밖에 비쳐지지 않을 것이다.

음식을 받아들고 갈등이 생겼다. 정체를 알 수 없는 이 고기는 뭘까? 붉은 살코기 속에 섞여 있는 굵은 뼈가 마치 사람의 뼈와 비슷한 것도 같았다. 내가 당황하는 것을 눈치챘는지 현지인 책임자는 씩~ 웃고는 자기 앞에 놓인 고기를 퍽퍽 뜯기 시작했다. 아무 소리 하지 말고 빨리 먹으라는 의미였다. 머뭇거리고 있는데 촌장 어른도 내게 먹기를 권했다. 이런 상황에서 음식을 거부하면 친구가 아니라 원수가 될 판이었다. 눈을 딱 감고 고기를 한 입 베어 물었다. 분명 맛이 달랐다. 이건 양고기도, 닭고기도 아닌 사람 고기일 거라는 생각이 더욱 확실해졌다.

어떻게 먹었는지 모르게 그릇을 다 비웠다. 촌장 어른은 자기들의 호의를 받아 준 것이 고마웠는지 처음 만났을 때보다 훨씬 친근하게 대해 주었다. 힘든 순간이었지만 복음을 위해 사람 고기를 먹어야 한다면 한 번 정도는 먹을 수 있겠다는 생각을 하며 촌장 어른의 집을 나왔다.

골목을 막 빠져 나올 때쯤 현지인 책임자에게 물었다.

"그거 무슨 고기였어?"

그는 한참 동안 재미있다는 표정을 짓다가 대답했다.

"사람 고기인 줄 알았죠? 얼굴이 하얗게 질리던데요."

"아니, 그럼 사람 고기 아니었어? 무슨 고기였는데?"

"쇠고기!"

그는 우하하~ 소리를 내며 웃었다. 선입관 때문에 쇠고기인지도 몰라봤던 것이다. 어쨌든 사람 고기가 아니었다니 다행스러웠다.

현지인 책임자는 소문의 실체에 대해 설명하기 시작했다.

"이 사람들이 사람을 먹는다는 소문은 사실이 아닙니다. 아주 오래 전 풍습에 집안의 어른이 죽으면 그분의 정기를 물려받는다는 의미로 친척들이 죽은 사람의 살을 베어 먹고 뼈는 잘 손질하여 집안에 모시고 살았답니다. 아주 옛날 옛적 장례 풍습이었다고 해요. 그러나 지금은 누구도 그런 풍습을 따르지 않아요. 이분들도 우리와 똑같은 것을 먹는 사람들이랍니다. 그런데 소문 때문에 외부 사람들이 이 마을에 들어오지도 않고 자기들을 무서워한다고 합니다. 외부에서 사람들이 들어온 것은 근래에 우리가 처음이라네요. 촌장 어른이 우리가 마을에 들어와 준 것만으로도 너무 감사하다고 몇 번이나 말했습니다. 그래서 오늘 밤에 예수 영화를 상영하게 해달라고 부탁했죠. 물론 촌장 어른이 두말 없이 허락해 주었답니다."

쇠고기 한 그릇 먹고 마을 사람들로부터 신용을 얻게 된 것이다.

저녁 무렵이 되자 동네 사람들이 몰려 나왔다. 마을의 제일 넓은 공터에 스크린을 매달고, 긴급 공수해 온 발전기를 설치했다. 상영 준비가 다 끝나고 날이 어둑어둑해질 무렵, 촌장은 사람들 앞에 나가 우리를 소개했다. 알아들을 수 없는 그들의 언어로 소개가 끝나자, 여기저기서 박수를 치고 우리에게 경의를 표하는 의미로 오른손을 가슴에 갖다 대며 고개를 숙였다. 우리 팀을 대표하여 현지인 책임자가 앞으로 나갔다. 그는 러시아 어로 인사했고, 같이 간 사역자가 그것을 타직 어로 통역했다. 그러자 마을 청년이 그것을 자기들의 말로 다시 통역했다. 3중 통역이었다. 박수와 환호의 열기가 가득했다. 온 마을은 그야말로 축제 전야제 같은 분위기로 한껏 달아올랐다.

인사하고 소개하는 의례가 끝나자 발전기가 요란한 소리를 내며 돌아갔다. 영사기에 불이 켜지고 스크린에 영화가 비치기 시작하자 어떤 아이들은 놀랐는지 울음을 터트렸고, 어떤 아이들은 집으로 쏜살같이 도망가기도 했다. 영화 속 예수와 제자들이 타직 어를 유창하게 하자 그들도 타직 사람으로 보였는지 무척 신기해했다.

상영이 끝나자 현지인 책임자가 다시 앞으로 나갔다. 통역을 맡은 이들도 나갔다. 복음을 전하고 예수를 믿기로 작정한 사람은 손을 들라고 했다. 제일 앞에 앉은 촌장 어른이 먼저 손을 들었다. 그 모습을 보고 곳곳에서 손을 들기 시작했다. 어른 아이 할 것 없이 그곳에 모인 대부분의 사람들이 손을 들고 예수를 영접하겠다고 했다.

그날 밤, 함께 간 사역자들은 마을 사람들에게 복음을 소개하고 상담하느라 거의 밤을 꼬박 새웠다. 오랫동안 사람들에게 따돌림 당했던 마을 사람들은 그날 새로운 경험을 하게 되었다. 천국으로의 초청에 응한 그들은 예수를 영접함으로 영원한 나라로 따뜻한 환영을 받은 것이다.

5부 산을 넘고서야 만날 수 있는 사람들
러시아, 베트남, 이란 이야기

이란에 이슬람 혁명이 일어난 후 한 교회 목회자가 죽임을 당했다. 다른 목회자가 올라왔

다. 그도 살해를 당했다. 그렇게 연이어 다섯 명이 목숨을 빼앗겼다. 죽음이 예고된 자리였

음에도 복음 전파의 기회를 피하지 않은 사람들. 이들은 예수를 믿으면 죄가 되는 나라에서

예수를 믿으며 사는 사람들이다. 이들이 믿는 예수는 우리에게 과연 어떤 존재일까?

그러므로 내 백성은 내 이름을 알리라

그러므로 그 날에는 그들이 이 말을 하는 자가 나인줄 알리라

내가 여기 있으니라

좋은 소식을 가져오며 평화를 공포하며

복된 좋은 소식을 가져오며 구원을 공포하며

시온을 향하여 이르기를

네 하나님이 통치하신다 하는 자의

산을 넘는 발이 어찌 그리 아름다운가

네 파수꾼들의 소리로다

그들이 소리를 높여 일제히 노래하니

이는 여호와께서 시온으로 돌아오실 때에 그들의 눈이 마주 보리로다

너 예루살렘의 황폐한 곳들아

기쁜 소리를 내어 함께 노래할지어다

이는 여호와께서 그 백성을 위로하셨고 예루살렘을 구속하셨음이라

여호와께서 열방의 목전에서 그 거룩한 팔을 나타내셨으므로

땅 끝까지도 모두 우리 하나님의 구원을 보았도다

(사 52:6-10, 표준새번역)

총소리 없는 밤이 유일한 소망

　정체불명의 전화를 받았다. 정부의 고위층이라고만 밝힌 한 체첸 사람이 대뜸 만나자는 것이다. 이슬람 세력이 강한 데다 테러가 빈번한 곳이다 보니 별의별 생각이 다 들었다. 무엇 때문일까? 어떻게 내가 이 지역에 온 것을 알았을까? 분명 나를 납치하려는 미끼임에 틀림없다고 생각했다. 현지인 사역자도 주의를 주었다. 정치적 목적을 위해 납치하는 경우도 있으니 덫일지 모른다는 것이었다.

　만날 수 없다고 통보했다. 그런데 잠시 후, 중년 여자에게 또 전화가 걸려왔다. 개인적인 일이니 꼭 한번 만나자고 했다. 집으로 오기가 어려우면 내가 있는 곳으로 오겠다고 했다. 그녀의 목소리는 진지했다. 왠지 진심일지도 모른다는 생각이 강하게 들었다.

　모스크바로 돌아가기 하루 전날 밤, 그를 찾아갔다. 그의 집은 서민들이 주로 거주하는 소련식 아파트였다. 군복을 벗은 모습은 고위층 인사라고 믿기 어려울 정도로 평범했다. 어느 곳에서나 쉽게 만날 수 있는 서민 가정의 모습이었다.

그는 손수 차를 따라 주며 이야기를 시작했다.

"사실 저는 한국인에게 빚을 진 사람입니다."

수수께끼 같은 첫마디로 그는 사연을 털어놓기 시작했다.

체첸 전쟁은 점점 치열해지고 있었다. 하지만 러시아 군 장교인 그는 그곳을 떠날 수 없었다. 가족들을 인근 지역으로 피신시킨 후 홀로 전쟁터에 남았다. 그런 와중에 아내가 몸져누웠다. 병원도 제대로 갈 수 없는 처지였다. 그때 한국에서 온 의사를 만났다. 의사는 그녀가 사령관의 아내인 줄 모른 채 치료해 주었다. 1년 남짓 정성들여 보살펴 주었더니 건강을 찾을 수 있었다. 전쟁이 소강 상태에 들어가고 사령관 남편도 휴가를 얻어 가족을 방문할 수 있게 되었다. 고마운 마음에 아내에게 친절을 베풀어 준 한국인 의사를 찾았다. 그러나 얼마 전에 한국으로 돌아갔다는 소식만 들릴 뿐이었다.

그런데 한 달 전에 아내에게서 전갈이 왔다. 한국인이 이 지역에 왔다는 것이다. 체첸의 수도 그로즈니에서 전갈을 받은 사령관은 나갈 수 있는 기회를 잡으려 백방으로 노력했지만 한 달이 지나서야 간신히 나올 수 있었다. 그리고 부랴부랴 내게 전화한 그날은 내가 이 지역을 떠나기로 한 날의 이틀 전이었다. 혹시 그 의사를 만날 수 있는지 물었다. 박씨 성을 가진 의사라고 했다. 노력해 보겠다고 했다. 못 찾는다고 하면 실망이 이만저만하지 않을 것 같아서였다. 그는 고맙다는 말을 연거푸 했다.

그리고 한마디 덧붙였다.

"선생님께서 저를 도와 주셨으니 제가 도울 일이 있으면 말씀해 주십시오."

개인적으로 딱히 도움 받을 일이 없어서 머뭇거렸다. 그렇다고 우리 사역을 도와 달라고 부탁할 처지도 아니었다.

"내일 그로즈니에 한번 가시겠습니까?"

그로즈니는 외국인은 물론이거니와 이곳 토박이들에게도 출입이 금지된 곳이다. 설사 들어갈 수 있다 해도 전쟁 중이기 때문에 할 일도 없는 지역이다. 나는 대답을 못하고 망설였다.

"원하신다면 제가 모시고 가겠습니다. 어떻게 체첸이 파괴되고 있는지, 얼마나 많은 사람들이 고통 가운데 살고 있는지 보여 드리겠습니다. 우리가 미치지 않고 살아가는 것이 기적이라는 걸 보게 될 겁니다."

갑작스런 초청에 잠시 망설였지만 함께 간 동역자도 한번 가보자는 바람에 모스크바로 돌아가는 일정을 취소하고 우리는 그로즈니로 향했다.

사령관은 러시아제 소형 승용차를 시속 100킬로미터로 몰았다. 돌밭같이 울퉁불퉁한, 포장되지 않은 도로 때문에 뒷좌석에 앉은 우리는 차 지붕에 머리를 수도 없이 찧었다. 견딜 수가 없어 속도를 줄여 달라고 했다. 하지만 천천히 가면 산 속에 매복하고 있는 저격수들에게 총을 맞게 된다며 속도를 줄이지 않았다. 네 시간 넘게 그렇게 달렸다. 좌우로 탱크와 군이 줄지어 이동하는 모습이 자주 보였다. 그로즈니가 가까워지고 있다는 표시였다.

첫 번째 검문소가 나타났다. 로켓포와 다연발 총으로 무장한 군인들이 우리 차량을 둘러보았다. 사령관이 지시하자 검문하려던 군인은 돌아가서 도로를 차단하고 있던 바리케이트를 치웠다. 5분쯤 더 가니 또 검문소가 있었다. 이번에는 탱크가 길을 막고 있었다. 그로즈니 시내까지 들어가는 데 그런 검문소를 서른 두 곳이나 통과해야 했다. 건물 옆에는 군인들이 무장한 채로 바닥에 누워 낮잠을 자고 있었다.

"그로즈니에 오신 것을 환영합니다. 당신들이 이곳을 방문한 최초의 외국인입니다."

도시는 사진에서 보던 한국 전쟁 때와 흡사한, 폐허 그 자체였다. 뼈만 앙상하게 남은 건물, 총알 자국이 선명한 벽, 지붕마다 구멍이 뻥 뚫린 아파트들. 어느 것 하나 성한 것이 없었다. 길거리에는 불발된 미사일이 박혀 있고, 골목마다 탱크와 장갑차가 전쟁 중임을 알리는 사인처럼 서 있었다. 소련군이 이곳을 공격할 때 그야말로 폭탄을 부었다는 표현이 실감나는 현장이었다. 카프카즈에서 가장 아름답고 경제적으로 활발했던 그로즈니의 옛 모습은 어디서도 찾아 볼 수 없었다.

"이곳은 지금도 밤이면 전쟁이 시작됩니다. 그래서 밤이 되기 전에 이곳을 빠져 나가야 합니다."

차를 한 잔 마시고 돌아서 나오는데 폭격 맞은 아파트 2층 창문에서 이불을 걷고 있는 노인이 보였다. 아직 주민이 살고 있느냐고 물었다.

피난가지 못한 노인이나 환자 일부가 이곳에 살고 있다고 했다. 다른 곳에 가서 정착할 수 없는 사람들도 돌아와 살기 시작했다고 했다. 아파트를 방문하며 주민들을 만났다. 무너진 건물을 보수할 여력도 없는지 비닐과 나무 조각을 주워다가 엉성하게 이어 놓고 그 안에서 한 식구가 지내고 있었다. 전기도, 가스도 들어오지 않는 도시는 난민촌보다 더 열악했다. 그야말로 생존을 위한 발버둥이었다. 일부 지역 사람들은 그나마 배급 식량이 있어 그것으로 근근이 끼니를 잇고 있었다. 병원이나 약국은 존재하지도 않았다. 이따금 정부가 보내주는 이동 의료진이 와서 간이 치료를 한다고는 하지만 주민들에게는 태부족이었다. 한나절 동안 아파트를 돌아다니며 만난 주민들은 하나같이 전쟁의 후유증에 신음하고 있었다. 그들에게는 하룻밤만이라도 총소리 없이 잠을 자는 것이 유일한 소망이었다.

검문소를 빠져나오는데 노을이 지고 있었다. 낮잠을 자던 병사들은 다시 일어나 전투 준비를 하고, 탱크와 장갑차들은 어디론가 부지런히 이동했다. 불빛마저 사라진 폐허의 도시 그로즈니를 나오며 생각했다.

'누가 이 땅에 와서 평화의 복음을 전하며 총소리 없는 밤을 맞게 해 줄까? 누가 부서진 집 터 위에 새 집을 세우고, 포탄 가루 하얗게 내려앉은 우물에 꽃잎을 뿌리며 백성들로 다시 노래할 수 있게 해 줄까?

그로즈니야, 그로즈니야, 너희가 구원의 길을 알았더라면…….'

피로 물든 천혜의 자연, 카프카즈

언어를 만드는 신이 있었다. 신은 언어를 만들어 민족들에게 골고루 나누어 주는 일을 했다.

어느 날, 언어의 신은 수십 가지 언어를 담은 자루를 메고 시베리아를 지나 아시아로 가고 있었다. 시베리아를 막 벗어날 무렵, 앞에 커다란 산맥이 보였다. 산맥은 험하고 높아 넘어가는 것이 보통 일이 아니었다. 겨우겨우 산맥을 넘어 만년설 쌓인 정상에 이르렀을 때였다. 발을 헛디 뎌 그만 넘어지고 말았다. 그 바람에 메고 있던 자루가 떨어져 빵 터지고 말았다. 자루 속에 담겨 있던 수십 가지 언어들이 와르르 쏟아져 나와 온 산맥 아래로 흩어져 버렸다. 그 언어들은 여기저기 굴러다니다 산자락에 살고 있는 다양한 민족들의 입 속으로 들어갔다.

카프카즈에 전해 오는 한 우화다. 이 지역에 존재하는 수많은 언어의 기원을 소재로 한 이야기다. 카프카즈 산맥 인근에만 여든 여섯 개의 언어가 존재하는 것으로 알려져 있고, 소멸되어 가는 언어까지 합치면 몇백 개가 된다는 말도 있다.

왜 이렇게 언어가 다른 많은 민족들이 이곳으로 몰려와 살고 있는지 설은 많지만 가장 설득력 있는 것은 천혜의 자원 때문이라는 것이다. 물 좋고 공기 맑은 것은 말할 것도 없고, 토양이 비옥해 한국의 토종 무씨를 갖다 심어도 팔뚝만 하게 열릴 정도라는 것이다. 풍경은 또 얼마나 근사한지, 유럽에서 가장 높다는 엘브르스 산은 바라보기만 해도 가슴이 뻥 뚫릴 것처럼 아름다웠다. 덕분에 무병장수 마을이라고 소문이 나 한국의 TV 광고에까지 등장했던 곳이다.

하지만 아름다운 자연과는 어울리지 않게 이 지역은 역사적으로 많은 피를 흘린 슬픈 땅이다. 민족들이 이주해 오는 과정에서 죽고 죽이는 싸움이 있었고, 구소련이 점령했을 때는 학살과 압제가 계속되었다. 구소련이 붕괴하고 많은 공화국들이 분리, 독립되었지만 이 지역만은 독립을 허락하지 않았다. 역시 풍부한 자원 때문이라고 사람들은 생각한다. 그러다보니 민족성 강하고 저항 의식이 투철한 체첸 민족은 끊임없이 투쟁하며 독립의 꿈을 키워가고 있었다. 아름다운 이 땅은 사람의 발길이 뚝 끊어진 분쟁 지역으로 남아 있다.

사람들이 드나들기 어려운 지역은 선교적으로 개척이 어렵다는 의미이기도 했다. 하는 수 없이 오랫동안 인근 지역에 피난 와 있던 난민들을 대상으로 사역을 시작했다. 그들을 준비시켜 여러 지역으로 확산해

가는 것이 현실적으로 가장 효과적인 방법이었다. 예수 영화도 체첸 언어를 비롯한 현지 언어로 번역을 마쳤고, 성경과 사역 자료들도 하나씩 준비했다. 그러는 사이 지하 교회에서 전도를 받은 현지인 한두 명이 지도자로 세워지기 시작했다. 조금만 더 힘을 쓰면 이곳에 자생적인 교회가 뿌리를 내릴 수 있을 것 같다. 그동안 접근하지 못해 사역을 할 수 없었던 종족들을 위한 사역도 새롭게 시작할 수 있을 것 같다.

주님이 원하시는 일이라면 일으켜 가리라 믿는다. 이곳은 현재 진행형이다. 우리의 관심에서 멀리 떨어져 있지만 분명 이곳을 위해 기도하는 사람도, 물질로 도울 사람도 있을 것이다. 새로운 행진은 곧 일어날 것이다. 그리하여 그분이 만들어 가신 길을 따라 더 많은 이야기들을 쓸 수 있는 날이 곧 오리라 믿는다.

12년 동안 감옥에 갇힌 목사

　캄보디아에서 열린 세계 선교 지도자 회의를 마치고 곧바로 북부 베트남 산악 지역으로 날아갔다. 여러 소수민족이 모여 살고 있는 이 지역은 산세가 험해 웬만한 장정 아니면 감히 엄두도 내지 못할 정도로 험한 곳이었다. 길도 없는 산 속을 열 시간씩 걷다 보면 지구를 한 바퀴 돌고 온 것 같은 기분이 들기도 했다. 세상의 끝이 여기가 아닐까 하는 생각도 들었다.

　처음 이곳에 들어갔을 때 수십 번도 더 후회했다. 마을을 찾아 가는 길이 너무 험해 이 많은 시간을 들이면서까지 이렇게 외진 곳에 가야 하는지 확신이 서지 않았다. 그때마다 마음을 고쳐먹을 수 있었던 건 고든 목사 때문이었다. 그가 아니었다면 이런 오지에 올 수도 없었겠지만, 이곳의 개척 사역은 생각도 못했을 것이다.

남부 베트남이 고향인 고든 목사는 전쟁이 일어나기 전까지 다낭 지역에서 목회를 했다. 전통적으로 미신을 숭배하는 마을이 몰려 있는 곳이어서 복음을 전하고 말씀으로 양육하는 일이 쉽지 않았다. 외부의 도움도 받지 못하고 사역을 하다 보니 늘 궁핍하게 살 수밖에 없었다. 그러나 전도했던 사람들이 한두 명씩 교회로 찾아오는 것을 보며 사역을 포기할 수 없었다. 고든 목사는 마을 사람들의 경조사를 챙기고 어려운 사람들을 앞장서서 도왔다. 병들어 죽은 사람의 시체를 관에 넣는 것 같은 고된 일은 항상 그의 몫이었다. 그러다 보니 교회를 나오지 않는 사람들도 그를 존경하기 시작했다.

고든 목사는 짬짬이 시간을 내어 라오스 국경 지역을 다니며 복음을 전했다. 사람들이 가지 않는 마을을 찾아다니며 복음을 전하다 보니 죽을 고비도 여러 번 있었다. 소수민족 마을을 찾아갔다가 국경을 지키는 군인에게 사살될 뻔하기도 했고, 산에서 길을 잃어 짐승의 밥이 될 뻔한 적도 있었다. 그러나 산 속 험한 오지까지 말씀을 전하러 가지 않으면 그곳에 사는 사람들은 복음을 들을 기회가 영원히 없을지도 모른다는 생각에 사역을 중단하지 못했다.

그러다가 전쟁이 터졌다. 북부 지역을 장악하고 있던 베트콩이 남쪽으로 침략해 오면서 며칠 만에 그가 목회하는 마을까지 함락되고 말았다. 그는 공산당 청년 대원에게 붙잡혀 인민재판을 받게 되었다. 재판은 일사천리로 진행됐다. 목사라는 이력 때문에 사회의 극악한 정치범이라는 판결을 받았다. 그리고 어떤 변론도 없이 사형선고가 내려졌다.

청년 당원들은 당장이라도 그를 공개 처형할 분위기였다. 그런데 지역 군사령관이 그의 처형을 얼마간 연기하라고 지시했다. 왜 그랬는지 아무도 모른다. 분명 투철한 공산주의자이고 고든 목사와는 일면식도 없는데도 아무 이유 없이 사형 집행을 미룬 것은, 하나님이 생명을 연장시켜 주신 거라고 그는 생각했다.

일단 목숨을 구하기는 했지만 더 고통스러운 삶이 시작됐다. 창고를 개조해서 만든 임시 감옥은 화장실도 없고 물도 공급되지 않았다. 악취는 말할 것도 없고, 오물이 쌓이기 시작하자 온갖 벌레와 독충이 드나들며 생명을 위협했다. 사형을 당하기 전에 벌레에 물려 죽을 판이었다. 그렇다고 감옥을 지키는 군인들이 그런 것들까지 배려해 줄 리는 만무했다. 아침에 눈을 뜨면 오늘이 마지막 날이라는 생각으로 하루를 시작했고, 저녁이 되면 하루치의 생명이 연장된 것을 감사하는 기도로 마무리했다.

그렇게 몇 달이 지났다. 공산당원들은 그가 사형수임을 잊었는지 사형에 대해 아무도 말을 꺼내지 않았다. 감옥에서의 고통스런 나날만 계속될 뿐이었다. 그러던 어느 날, 평온하던 마을에 귀가 찢어질 듯한 굉음과 함께 폭격이 시작되었다. 비행기는 낮게 날아가며 폭탄을 쏟아 부었다. 미군들이었다.

폭격은 며칠 동안 계속되었다. 마을의 주요 건물들은 모두 파괴됐고, 임시 감옥도 언제 폭파될지 모르는 상황이었다. 좁은 감옥에 함께 갇혀 있던 몇몇 동료 죄수들은 날마다 반복되는 폭격에 정신 이상을 호소했다. 그는 그들을 위로하며 예수의 이름으로 기도해 주었다. 두 사람이 복음을 듣고 예수를 영접했다. 그중 한 사람은 감옥에서 죽었고, 한 사람은 나중에 풀려 나와 고든 목사의 사역을 돕는 지하 교회 장로가 되었다.

미군의 폭격이 심해지자 마을에 주둔하고 있던 부대가 이동을 했다. 새벽 한두 시가 되었을 무렵, 감옥 밖에서 웅성거리는 소리가 들렸다. 죄수들을 죽이고 간다는 소리도 들렸다. 고든 목사는 죽음의 때를 기다리며 기도를 드리고 있었다. 그런데 무슨 영문인지 부대원들은 죄수들을 죽이는 대신 어디론가 그들을 끌고 갔다. 눈을 가리운 채 끌려갔기 때문에 어디로 가는지 모르고 며칠 동안 걸었다. 나중에 보니 그곳은 하노이였다.

하노이는 베트남 사회주의 공화국의 수도였다. 그들은 정식 감옥에 수감되었다. 죄수복도 지급되었다. 그러나 감옥을 나갈 때까지 한 번도 교체해 주지 않았다. 식사도 턱없이 부족하여 굶는 날이 먹는 날보다 많았다. 고문도 고통스러웠다. 목회하는 동안 미국과 내통하며 무엇을 받았는지 자백하라는 둥, 정부의 기밀을 외부로 빼돌린 것을 자백하면 살려 주겠다는 둥 터무니없는 것들을 엮어 고문했다. 가장 고통스러웠던 것은 신앙을 부인하고 사회주의 정부에 협조하라며 고문하는 것이었다. 고문을 당하다 무의식중에라도 예수를 부인할까 두려웠다고 후에 그는 고백했다.

처음에 그는 감옥에서 나가게 될 거라는 소망은 조금도 없었다. 공산주의화 된 베트남에 동조하지 않으면 조국을 떠나든지 아니면 죽는 길밖에 다른 선택은 없었다. 더욱이 자신은 사형선고를 받고 감옥에 수감되어 언제 죽을지만 남겨 놓은 처지였다. 그에게 소원이 있다면 주님을 사랑하는 마음이 식지 않는 것과 죽기 전에 죄수들을 만나 복음 전하는 것이었다.

그러나 하나님은 다른 계획이 있으셨다. 그의 아내와 여동생은 베트콩이 침공할 때 남쪽으로 피난을 갔다. 생사를 넘나드는 고생 끝에 그들은 이른바 '보트 피플'이 되어 베트남을 탈출했다. 구사일생으로 인근을 지나던 화물선에 구조되어 미국으로 가 난민으로 정착하게 되었다. 아내와 여동생은 미국에 도착하는 순간부터 고든 목사를 구하기 위해 동분서주했다. 그러나 아무리 노력을 하고 애를 써 봐도 그의 생사를 아는 사람을 찾을 수 없었다. 그렇다고 공산화된 베트남으로 돌아갈 수도 없는 상황이었다.

그즈음 미국에 들어와 정착한 베트남 난민들은 고국의 친척들을 찾기 위해 단체를 만들고 구명 운동을 벌였다. 고든 목사의 아내도 그 실향민 단체를 찾아가 남편의 구명 신청을 했다. 얼마 후 이 단체는 고든 목사가 하노이 감옥에 수감되어 있다는 사실을 알아 내고 미국 정부에 구명 요청서를 제출했다. 6년을 기다렸지만 일은 별로 진척되지 않았다. 브로커들에게 돈을 맡겨 보기도 했지만 모두 허사였다. 결국 감옥에 갇힌 지 12년이 지난 후에야 그는 기적적으로 감옥에서 탈출했고, 난민으로 미국에 들어올 수 있었다.

그러나 가족을 만난 기쁨도 잠시, 고든 목사는 조국 베트남에 복음을 전하러 가기 위해 계획을 세우기 시작했다. 그것이 자신의 삶을 연장해주신 주님의 뜻이라고 믿었다. 그는 미국 정부에 요청하여 이름을 바꿨다. 머리도 염색하고 수염도 길렀다. 예전 모습은 완전히 없앴다. 그리고 전략적인 사역을 위해 우리 개척 선교팀에 합류했다. 신분이 발각되면 무슨 일을 당할지 모르는 상황인데도 베트남으로 돌아가 지하에서 선교를 하기 시작했다.

몇 년 전, 우리는 박물관으로 변한 하노이의 감옥을 방문했다. 기억에서 지워버리고 싶을 만큼 고통스러운 장소에서 그는 처음으로 눈물을 보였다. 그는 이 감옥에 올 때마다 "원수를 사랑하라"고 하신 말씀이 무엇인지 다시금 되새긴다고 고백했다. 그랬다. 그는 사랑으로 원수를 갚는 사람이었다.

한 마을을 바꾼 비디오테이프

"2천 명이 넘습니다!"

고든 목사가 이렇게 흥분하는 것은 처음 보았다. 오랫동안 헤어졌던 친척을 만났을 때도 이렇게 흥분하지 않던 그가 국제본부 복도에서 만나는 사람마다 붙잡고 이렇게 열을 올릴 때는 뭔가 큰일이 난 게 틀림없었다.

"믿을 수 있습니까? 복음이 한 번도 전해지지 않은 산골 마을 주민 전체가 예수를 믿었습니다. 그곳에는 교회도 없었습니다. 선교사나 어떤 사역자도 가서 살지 않았습니다. 그런데 온 동네 사람들이 모두 확실하게 예수를 믿고 있더라고요!"

꿈이 현실이 되었다며 그는 이렇게 흥분했다. 조국 베트남이 공산화되었을 때 감옥에서 12년 동안 옥고를 치른 그였다. 살 수 있다는 일말의 소망도 없이 온갖 고문을 당하며 사형수의 몸으로 그 세월을 견뎠다. 웬만한 사람 같았으면 사형 집행을 자원해서라도 빨리 이 고통에서 벗어나려 했을 것이다. 그런데 그는 어느 순간부터 꿈을 꾸기 시작했다. 만약 주님께서 은혜를 주셔서 이곳을 살아 나갈 수 있다면 무엇을 할지 꿈을 꾸었다. 그는 작은 교회 목회자로 마을 사람들과 사랑을 나누며 여생을 보내는 꿈을 꾸었다. 하지만 시간이 갈수록 그의 꿈은 커져 갔다. 작은 마을에서 복음을 전하는 꿈에서 베트남 전체를 다니며 전도하는 꿈으로까지 발전했다. 특히 누구도 가기 어려워하는 북부 산악 지역의 소수민족들을 찾아다니며 복음 전하는 꿈을 꾸었다.

정말, 주님은 그 꿈대로 그를 감옥에서 나올 수 있게 하셨다. 미국으로 망명할 수 있는 기적도 만들어 주셨다. 그는 감옥에서 꾸었던 꿈과 계획을 잊지 않고, 자기를 핍박하던 공산주의자들이 있는 베트남으로 다시 돌아갔다. 이름도 바꾸고 외모도 바꿨다. 혹시라도 발각되면 끝장날지 모르는 상황에서 늘 마지막이라 생각하며 하루하루를 살았다. 그는 북부 베트남 지역의 산악을 다니며 복음을 전했다. 그러다 더 많은 동역자들이 필요하여 우리 국제본부와 함께 사역하기로 하고 미국 교회와 선교단체에 도움을 요청했다.

미국에게 베트남은 기억하기 싫은 존재다. 현실적으로도 미국인이 적국인 베트남을 여행하는 것은 쉬운 일이 아니다. 그래도 그는 포기하지 않았다. 끈질기게 미국 교회를 설득하여 사역을 시작할 수 있는 발판을 열어 놓았다. 그래서 우리 개척 선교팀이 북서부 지역의 소수민족 마을에서 선교를 시작할 수 있었다. 그러나 사람들에게 직접 복음을 전할수는 없었다. 더구나 고든 목사의 경우 신분이 드러나면 사역은 말할 것도 없고 생명에도 심각한 영향을 미칠 수 있기 때문에 특별히 조심해야할 상황이었다.

우리는 몇 개의 팀으로 나뉘어 마을을 찾아다니기로 했다. 관광객처럼 행색하고 비밀경찰의 눈을 피하기 위해 현지 관광 회사 직원도 고용하여 여행을 다니는 것처럼 했다. 우리는 관광 회사의 권유로 호치민 혁명투쟁 유적지를 방문하기도 했다. 그러다가 특정 마을을 선정하여 그곳에서 며칠씩 머무는 전략을 사용했다. 깎아지른 듯한 산악 지대를 열 시간씩 걷다 보니 탈진되어 마을에서 쉬어가야 한다고 관광 회사 직원을 설득하여 일정을 바꾸는 식이었다.

마을에 머무는 동안 우리는 가능한 많은 사람들과 접촉하기 위해 노력했다. 사람들은 갑작스레 외국인이 나타나 놀라기도 했지만 대부분 반갑게 맞아주는 분위기였다. 그런데 놀라운 것은 기술 문명의 혜택을 받지 못하는 곳인데도 어느 집에 가든지 TV와 비디오 플레이어가 있는 것이다. 전기는커녕 전화선도 들어올 리 만무한 산중의 이 오지에 TV가 있다는 것이 신기할 따름이었다. 전기가 어디서 오는지 물어보니 근처의 개천에 작은 발전기를 설치하여 자가 발전을 한다는 것이다. 산이 높고 계곡의 물살이 빠르기 때문에 작은 발전기라도 한 마을 정도는 사용할 수 있는 전기를 만들어 내는 것이다. 그래서 물레방아같이 생긴 것이 마을 어귀마다 설치되어 있었다. 그리고 TV 전파가 미치지 못하여 누군가 도시에서 영화 비디오테이프를 구해 오면 온 마을 사람들이 그 것을 돌려보는 것이 유일한 오락이었다.

이런 환경을 활용하여 계획을 세웠다. 베트남의 다양한 언어로 예수 영화가 번역되어 있었다. 예수 영화는 누가복음을 중심으로 예수 그리 스도의 생애와 하나님의 구원 계획을 잘 보여주는 것이어서 선교지에 서 가장 많이 활용되는 선교 도구이다. 예수 영화를 마을마다 전할 수 있다면 영화를 통해 복음을 전할 수 있을 것 같았다. 개척 선교팀은 예 수 영화를 현지에서 공급할 수 있는 가능성을 타진했다. 지하에서 활동 하던 현지인 사역자들이 인근 지역에서 필요한 자료들을 제작하고 있 었다. 우리는 모처에서 쓰레기처럼 위장하여 그것들을 건네받았다.

우리는 예수 영화 테이프를 배낭에 한두 개씩 숨겨 마을들을 방문했 다. 직접 건네줄 수 없어 주민들 몰래 비디오테이프를 방 구석진 곳에 숨 겨 두고 도망가듯 마을을 벗어나는 식이었다. 옷장이나 이불 속, 짐들 사 이에 비디오테이프를 숨겨 두어 우리가 떠나고 한참 후에야 발견되게 했 다. 만약 이것들이 바로 발견되면 우리가 놓고 간 것으로 밝혀질 테고, 그렇게 되면 이 사역도 더 이상 할 수 있을지 장담할 수 없기 때문이다.

몇 차례 이런 사역을 진행하는 동안 어려운 일들은 발생하지 않았다. 그래서 서부, 중부, 동부 등으로 지역을 나누어 마을들을 방문하고 테이 프를 숨겨 두는 일을 계속했다. 어떤 이들은 우리의 선교 방식이 낭비가 아니냐며 비판하기도 했다. 그러나 누구도 가지 않고, 설사 갈 수 있다 하더라도 복음을 직접 전하지 못하는 사람들에게 할 수 있는 최선의 시도를 하고 결과는 주님께 맡기자는 것이 우리의 생각이었다.

그렇게 3년이 넘도록 사역을 했다. 그러던 어느 날, 고든 목사가 우리 개척 선교팀이 초기에 방문했던 서북부 지역을 다시 방문하게 되었다. 한 마을에 들어가 주민들과 이야기하는데, 예수에 대해 아무 거리낌 없이 대화하는 사람들을 만나게 되었다. 처음에는 함정일지 모른다는 생각에 반응하지 않으면서 그들의 행동을 주시했다. 그리고 다른 집을 방문했더니 그 집에서도 비슷한 대화를 하는 것이다. 그 마을에서 만나는 대부분의 사람들이 일상적인 이야기를 하듯 예수 이야기를 하는 것이었다. 분명 선교가 시작되지 않은 지역인 것을 기억하는 고든 목사는 그 사이에 무슨 일인가가 일어난 거라고 생각했다.

고든 목사는 어떻게 이들이 예수에 대해 알게 되었는지 역추적하기 시작했다. 그리고 온 마을 사람들이 비디오테이프를 보고 예수를 믿게 되었다는 것을 알아냈다. 혹시 이단이 뿌리고 간 자료일지 몰라 그 테이프를 가져 오라고 했다. 그런데 그들이 가져온 테이프는 다름 아닌 우리 팀이 놓고 갔던 예수 영화 비디오테이프였다! 얼마나 많은 사람들의 손을 거쳐 갔는지 비디오테이프는 닳고 닳아 많이 훼손되어 있었다.

온 마을 사람들이 비디오테이프 하나로 어떻게 복음을 이해하고 예수를 믿을 수 있었는지 믿기지 않았다. 고든 목사는 하노이에 있는 지하 교회 장로를 데리고 다시 마을로 들어갔다. 그리고 가정마다 다니며 주민들과 상담했다. 그들은 하나같이 놀라울 정도로 복음의 핵심을 잘 이해하고 구원의 확신을 갖고 있었다.

선교는 우리가 하는 것이 아니다.
하나님이 어떤 일을 이루어 가실지 즐거운 상상을 하며 오늘도 걸어갈 뿐이다.

고든 목사는 그 길로 국제본부로 달려왔다. 우리는 서로 부둥켜안았다. 헛되이 씨앗을 뿌리는 건 아닐까, 열매는 거둘 수 있을까 했던 것은 모두 부질없는 질문이었다. 선교는 우리가 하는 것이 아니다. 하나님이 어떤 일을 이루어 가실지, 우리 앞에 어떤 일이 벌어질지 즐거운 상상을 하며 오늘도 걸어갈 뿐이다.

지구촌 문제 해결책은 사랑

몇 년 전 일이다. 덴마크의 한 신문사가 이슬람 창시자 마호메트를 비하하는 만평을 게재했다. 이로 인해 무슬림들은 전 세계적으로 시위를 하며 서방을 비난했다. 레바논의 덴마크 대사관이 습격을 받아 불탔다. 아프가니스탄의 탈레반은 지하드에 나설 것을 공언했고, 이란의 대통령은 유럽 국가들과의 통상 계약을 전면 재검토하겠다고 선포했다. 당시 팔레스타인에서 정권을 잡고 있던 하마스 지도부는 신문 편집자와 만평을 그린 사람을 처형해야 한다고 주장했다.

사람들은 역시 무슬림들은 과격하고 무섭다며 혀를 내둘렀다. 그러나 13억 무슬림이 모두 테러리스트도 아니고 극단주의자도 아니다. 오히려 내가 만난 무슬림은 소망 없는 고단한 삶을 살아가는 외로운 나그네들이었다.

요르단의 한 시골 마을에 갔을 때였다. 현지인 친구가 장인이 병에 걸려 고생하는데 와서 기도해 달라고 부탁했다. 그런 부탁에 망설일 이유가 있겠는가. 하지만 막상 친구의 장인을 보자 그것은 간단한 문제가 아닌 것 같았다. 어르신은 독실한 무슬림이었고, 찾아간 그 순간에도 꾸란을 읽고 있었다. 식구들도 신실한 무슬림이라는 것을 한눈에 알 수 있었다. 잠시 대화하는 짧은 순간에도 어르신은 신앙 이야기를 풀어 놓았다.

　그렇게 신실한 무슬림에게 예수의 이름으로 기도한다는 것이 큰 부담이었다. 그러나 친구의 부탁이고 식구들도 동의하기에 조금은 긴장된 마음으로 기도를 시작했다. 기도를 하는데 눈물이 나고 목이 메었다. 그때 내 손등으로 굵은 눈물방울이 뚝 떨어졌다. 어르신도 울고 있었던 것이다. 기도를 마치고 일어서려는데 어르신이 힘든 몸을 일으켜 나를 끌어안았다. 몸으로 '도와 달라'고 호소하는 듯했다. 철저한 무슬림이었지만 그 어르신은 익히 들어 온 과격분자가 아니라 나의 작은 도움을 필요로 하는 외로운 영혼이었다.

　이런 일도 있었다. 시리아 국경을 넘어갈 때 이민국에서 한 무리의 사우디 사람들을 만났다. 이런저런 대화를 나누다가 어디 가느냐, 뭐 하러 가느냐고 물었다. 눈(雪)을 보러 시리아로 간다고 했다. 그들이 떠난 후, 옆에서 이야기를 듣고 있던 현지인 사역자가 피식 웃음을 흘렸다.

　"눈을 보러 간다고? 저런 사우디 젊은이들이 시리아로 가는 이유는 술을 마시러 가든지, 여자를 사러 가는 겁니다."

　잘 믿기지 않았지만 그건 사실이었다. 이슬람의 종주국이라 할 수 있는 사우디아라비아의 철저한 종교적 속박도 죄를 찾아 헤매는 인간의 욕망까지 가둘 수는 없었다.

오래 전에는 예멘에서 택시를 운전하는 10대 청소년을 만났었다. 왜 학교를 가지 않느냐고 묻자 필요한 것은 돈뿐이라고 단호하게 말했다. 그는 돈을 많이 벌어 고기잡이배를 사고 결혼하는 것이 꿈이라고 했다. 그러면서 마약류의 일종인 '까트'를 하루 종일 씹고 있었다. 이 나라 남자들에게 까트는 유일한 낙이어서 이것 없이는 하루도 살 수 없다고 했다. 하루 종일 마약에 취해 꿈을 꾸듯 현실을 떠나 살고 있는 사람들이었다.

한번은 이 친구의 택시를 타고 인근 도시로 가게 되었는데, 도중에 차를 세우더니 정성을 다해 메카를 향해 절을 하는 것이었다. 식당에 들어갈 때면 이슬람법대로 손, 발, 귀를 씻었고, 운전석 앞에는 꾸란의 한 구절을 정성껏 붙이고 다녔다. 자신이 무슬림이라는 사실에 대단한 자부심이 있었다. 하지만 겉으로 볼 때는 종교적인 열심이 있고 신실하여도 내면은 까트가 없이는 하루도 살 수 없을 만큼 불안으로 가득 차 있는 것이 이곳 젊은이들의 현실이었다.

내가 만난 무슬림들은 TV를 통해 보아 오던 이슬람 투사들이 아니었다. 우리가 생각해 오던 과격한 무슬림 뒤에는 방황하는 연약한 영혼들의 얼굴이 보였다. 그들은 타락과 죄악으로 달음질하고 있는 잃어버린 영혼들이다. 억압적인 이슬람 정부의 눈을 피해 욕망을 따라 이리저리

13억 무슬림이 모두 테러리스트도 아니고 극단주의자도 아니다.
내가 만난 무슬림은 소망 없는 고단한 삶을 살아가는 외로운 나그네들이었다.

헤매고 다니는 목자 없는 양들이다.

　이 사람들을 어이 할꼬? 종교 전쟁을 해서라도 해방시켜야 하는가? 아니다. 오직 하나, '사랑'의 길뿐이다. 소망에 관한 소식을 전해 주는 길밖에 없다. 탁월한 경제학자도, 유명한 정치인도 정치·경제·사회적 문제로 얽히고설킨 이들의 가난과 황폐함을 보듬을 수 없다. 그들의 구멍난 심장은 사랑으로만 메울 수 있다. 그들의 곤고한 심령은 경제적으로 풍요롭고 정치적으로 자유로워진다고 해결되지 않는다. 그들에게 진실한 사랑을 보여 주고 사랑으로 감격시키는 길밖에 없다. 그래서 사랑하고, 도와주고, 끌어안고 울어 주기 위해 우리는 그들에게 가는 것이다.

아버지의 피와 바꾼 인생

테헤란 거리는 생기가 넘쳤다. 검은 히잡을 쓰고 다니는 여자들만 없다면 이곳이 이슬람 국가인지 의심이 들 정도로 서구적인 분위기가 물씬 풍겼다. 곳곳에 고층 건물도 서 있고, 상점이며 레스토랑 등이 미국에서 보던 것과 별반 다를 게 없었다. 성업 중인 백화점은 유럽의 어느 도시에 와 있는 듯한 착각이 들게 했고, 그곳에 있는 카페들도 빈 의자를 찾기 힘들었다. 하지만 빠르게 변하는 삶의 모습과는 달리 그들의 사고만은 뿌리 깊은 이슬람 전통과 교육으로 정지된 것 같았다. 구원의 확신이 없기 때문에 그들은 알라를 감동시키기 위해 종교적 행위에 목숨을 걸었다.

아루반도 예수를 만나기 전까지는 이슬람을 신봉하던 사람이었다. 더구나 그의 아버지는 이슬람 '이맘'이었다. 이맘은 꾸란을 가르치고 예배를 인도할 자격이 있는 사람이다. 아버지는 동네에서 존경받는 어른 중의 한 분이었다.

어느 날 아버지는 예배를 인도하는 중에 일부 부유층 사람들의 무분별한 행동을 지적하며 알라의 저주를 받을 것이라고 강하게 비판했다. 그 자리에 비판의 대상이 되었던 몇몇 젊은이들이 앉아 있었다.

며칠 후 젊은이들이 집으로 찾아왔다. 아버지와 오랜 시간 얘기를 나누는가 싶더니 고성도 들리고 무엇인가 내려치는 듯한 소리도 들렸다. 한참 후 그들은 분노를 가득 품은 채 돌아갔다. 그 일이 있은지 며칠이 안 되어 동네 사람들이 집 앞으로 몰려 와 아버지를 처형하라며 시위를 했다. 어떻게 젊은이 몇몇에 의해 온 동네 사람들이 저렇게 돌변할 수 있는지 아루반은 믿기지 않았다. 동네 원로들도 찾아왔다. 뭔가 분위기가 심상치 않았다.

동네 사람들의 분위기는 점점 격해지는 듯했다. 아버지는 아루반을 방으로 불렀다. 그리고 그간의 전후 사정을 들려 주었다. 동네에서 가장 부자인 누리 아저씨에게 아들이 셋 있었다. 그중 둘째 아들은 성격이 과격할 뿐만 아니라 동네 건달들과 몰려 다니며 가난한 사람들을 괴롭혔다. 돈으로 사람을 매수하여 자기를 못마땅하게 생각하는 사람들에게 피해를 주기도 했다. 그러나 누구 한 사람 그의 잘못을 입 밖에 내지 못했다. 그랬다가는 언제 보복을 당할지 모른다는 두려움 때문이었다.

그런데 아버지는 예배 시간에 그들의 잘못을 지적했던 것이다. 분노를 품은 그들은 아버지에게 예배 시간에 사과하라고 요구했다. 그렇지 않으면 그냥 두지 않겠다고 협박도 했다. 그러나 아버지는 그런 협박에 넘어갈 사람이 아니었다. 몇 차례 사람들을 보내 경고했지만 아버지는 끝까지 사과하지 않았다. 그러자 유언비어를 만들어 동네 사람들을 선동하기 시작했다. 그것도 가장 민감한 꾸란 해석을 빌미로 공격을 했다. 꾸란에 관한 한 누구도 예외가 없다. 꾸란을 잘못 가르치는 것은 알라에 대한 신성모독에 해당하기 때문에 용서받을 수 없는 죄를 범하는 것이다.

그들의 공격이 예사롭지 않으리라 생각했지만 그렇게 야비하리라고는 예상하지 못했다. 아버지는 동네 원로들이 찾아 왔을 때 모든 전후 사정을 설명했지만 누구도 아버지의 편에 서 주지 않았다.

그러던 어느 날, 동네 원로 회의에 참석해 달라는 요청을 받고 아버지는 집을 나갔다. 그날 밤 아버지는 돌아오지 않았다. 늦은 밤까지 돌아오지 않는 아버지를 찾아 아루반은 회당으로 갔다. 회당에 가서야 그날 원로 회의는 예정되어 있지 않았다는 사실을 알게 되었다. 새벽녘이 되어서 아버지는 싸늘한 시체가 되어 발견됐다.

경찰은 일주일이 넘도록 수사를 했다. 그러나 수사 결과는 무척 실망스러웠다. 돈을 노린 강도의 우연한 범행이라는 것이다. 동네 사람 중에는 이 사건과 연관된 사람이 없다는 결론으로 수사는 종결됐다. 아루반은 회의를 느끼기 시작했다. 알라를 열심히 섬기는 이웃들도 모두 가식적으로 보였다. 이슬람 신앙이 뿌리부터 흔들리기 시작했다. 어릴 때부터 아버지께 꾸란을 배우며 자랐지만 인간 하나 변화시키지 못하는 종교를 더 이상 신봉할 수는 없었다.

아루반은 태어나고 자란 동네를 떠났다. 무슬림의 삶도 버렸다. 그리고 테헤란 시내에서 채소 장사를 시작했다. 처음에는 그런 삶이 어색했지만 날이 갈수록 적응이 되어 갔다. 장사 경험이 없어 서툴고 어려워도 사람들을 만나는 즐거움이 있었다. 특히 시장 가까이에 사는 아크람 아주머니는 항상 아루반의 가게에 와서 채소를 사 주며 격려의 말을 해 주었다. 아루반은 그런 아크람 아주머니에게서 힘을 얻었다.

어느 날, 아크람 아주머니는 선물로 영화 CD를 가지고 왔다. 제목은 '이사'(예수)라고 되어 있었다. 꾸란을 배우며 예수에 대해 들었지만 그를 주제로 한 영화라니 관심이 가지 않을 수 없었다. 아루반은 저녁 무렵, 가게를 정리하고 일찍 집으로 돌아왔다. 그리고 영화를 보기 시작했다. 두 시간이 넘도록 내내 한 순간도 눈을 뗄 수 없었다. 예수께서 고난 받으시고 십자가에 돌아가시는 장면을 보며 그는 많은 눈물을 흘렸다. 영화가 끝나고 해설자의 안내에 따라 예수를 영접하는 기도까지 했다. 그리고 나자 그동안 가슴속을 짓누르던 딱딱한 응어리가 풀린 것처럼 날듯이 기뻤다.

며칠 후 아크람 아주머니를 다시 만났다. 아루반은 자기에게 어떤 변화가 있었는지 설명했다. 아주머니는 눈물을 글썽이며 시장에서 아루반을 본 첫날부터 하루도 거르지 않고 아루반을 위해 기도했다고 했다. 아루반은 성경 공부 모임에 참석하여 예수님을 더 깊이 알아가며 참 진리가 무엇인지 깨달아 갔다. 그는 더없이 행복한 삶을 살고 있다고 고백했다. 다른 그 무엇이 줄 수 없는 행복을 비로소 찾은 것이다.

그는 더없이 행복한 삶을 살고 있다고 고백했다.
다른 그 무엇이 줄 수 없는 행복을 비로소 찾은 것이다.

십자가를 지고 가는 삶

하페즈는 택시를 운전하는 목사다. 이란에서는 전임으로 사역하는 목사라 할지라도 자립해서 살 수 없기 때문에 수입이 될 만한 일을 부업으로 해야 한다. 물론 지하 교회 지도자들 중에는 신분을 숨기려는 목적으로 일을 하는 사람도 있다. 이란에 강력한 이슬람 정권이 들어서고 선교사들이 철수해야 하는 상황에서 하페즈의 택시 운전은 어쩔 수 없는 선택이었다. 외국의 지원이 끊기자 그의 사역에도 심각한 어려움이 닥친 것이다.

당장 외부의 도움을 받아 추진하던 프로젝트들은 모두 중단되었다. 교회 사무직원들은 물론 전도사들에게 지급할 재정도 바닥이 났다. 이런 어려움이 몇 달간 계속되자 목회를 계속 해야 할지, 아니면 당분간 그만두고 환경이 좋아질 때까지 기다려야 할지 결정을 내려야만 했다.

진로를 놓고 여러 날 기도했다. 기도하는 동안 여러 성도들의 상담 전화를 받았다. 그런데 그들은 하나같이 하페즈 목사보다 더 심각하고 커다란 문제에 봉착해 있었다. 성도들 가운데 앞장서 일하던 사람들은 정보부에 끌려가 조사를 받기도 했다. 몇몇 성도는 이유도 없이 갑자기 실종되는 사건이 발생하기도 했다.

하페즈는 이런 성도들을 보며 목회를 포기할 수 없었다. 자신마저 성도들을 버린다면, 그동안 어렵게 신앙을 지키던 성도들이 목자 잃은 양처럼 뿔뿔이 흩어져 신앙에서 떠날지 모른다는 생각이 들었다. 그렇게 해서 택시 운전을 시작하게 되었다. 하지만 어떤 날은 손님을 태우는 것보다 성도들을 심방하고 그들의 일을 대신 해주다 하루를 다 보내기도 했다. 결혼식, 장례식 같은 행사가 있을 때는 며칠이고 운전을 쉬고 성도들 돕는 일에만 매달리기도 했다. 그러다보니 경제적으로도 택시 운전이 큰 수입원이 되진 못했다.

생활비를 벌기 위한 방편으로 선택한 택시 운전은 차츰 사역의 현장으로 바뀌기 시작했다. 택시에서 다양한 부류의 사람들을 만나 그들의 고된 인생 문제를 들었다. 그런 이야기를 듣고 상담을 하고 조심스럽게 기도해 주면 대부분의 사람들이 힘을 얻었다. 혹 마음의 준비가 된 사람은 예수를 믿기도 했다.

이란의 시가지는 도로 체계가 제대로 정비되어 있지 않아 교통 체증이 심하고 매우 복잡하다. 그래서 시내를 운전할 때는 운전에만 온 신경을 써야 하지만 복잡한 시내만 벗어나면 시외로 가는 장거리 손님들과 깊은 이야기를 나눌 수 있었다. 하페즈 목사의 택시 선교 결과, 몇몇 도시에 성경 공부 모임이 생겼다. 하페즈 목사는 거의 매일 저녁마다 도시를 옮겨 다니며 성경을 가르치고 예배를 인도했다. 그에게는 매일매일이 주일이었다.

어느 날, 테헤란에서 지하 교회 지도자들과 모임을 하고 있는데 하페즈 목사에게서 연락이 왔다. 급한 문제가 생겼으니 속히 내려와 달라고 했다. 사역자에게 생길 수 있는 가장 큰 어려움은 정보부에서 체포하거나 아니면 이웃에게 신분이 발각되어 봉변을 당하는 일이다. 테헤란의 한 교회 목사가 잇따라 살해당하여 목회자들의 신변이 어느 때보다 위협적인 시기였다. 두 명의 지하 교회 지도자와 함께 하페즈 목사가 사역하고 있는 도시로 급히 내려갔다. 우리가 도착했을 때 그는 버스 터미널에서 보따리를 든 사람들을 찾아다니며 택시 손님을 구하고 있었다.

"큰 문제라도 생긴 줄 알았는데 아무 일도 없는 것 같네요?"

그는 말없이 우리의 손을 이끌고 택시로 갔다. 그의 낡은 택시 안에서 한참동안 뜸을 들이다 어렵게 입을 열었다.

"저희 식구들을 당분간 돌봐 주시면 좋겠습니다."

그러고는 입을 다물었다. 눈가에는 눈물이 비쳤다.

살던 집에서 쫓겨났다고 했다. 집 주인이 자기가 기독교 목사인 것을 알고는 쫓아 냈다는 것이다. 이번이 세 번째였다. 그러고 나니 이제는 소문이 나서 집을 빌려 주겠다는 사람이 없다는 것이다. 성도들도 목회자의 어려움을 돕고 싶지만 그럴 형편이 아니었다.

그는 얼마 되지 않는 짐들을 가까운 이웃에게 나누어 주었다. 식구들은 낮에는 시장이나 거리에서 시간을 보내고 밤이면 좁은 택시에 모여 잠을 잤다. 아이들은 그리스도인이라는 이유로 조롱받고 심지어 돌에 맞기도 해 학교에도 갈 수 없었다. 아내는 일자리를 구해 보았지만 여자가 할 수 있는 일을 찾는 것도 쉽지 않았다. 공공 기관에는 기독교인 신분으로 취직하는 것 자체가 불가능했고, 일반 회사도 기독교인 채용을 꺼리는 추세였다. 그렇다고 장사할 만한 여윳돈이 있는 것도 아니었다.

당분간 식구들을 맡아 주면 어떻게든 월세 집을 마련해 보겠다고 했다. 그렇지 않으면 목회를 그만두고 다른 도시로 떠날 수밖에 없는 상황이라고 했다. 우리는 그를 위해 기도했다. 기도하면서 문득 조그마한 집을 살 수 있다면 그의 가정도 거처가 마련되고 성도들도 흩어져 예배 드리지 않아도 되겠다는 생각이 들었다.

미주 교회와 동역자 들에게 급히 연락을 했다. 한 분에게 응답이 왔다. 자기의 몇 달치 월급밖에 안 되는 액수로 그런 큰일에 쓰일 수 있다면 기꺼이 돕겠다는 것이다. 우리는 교회와 사택으로 쓸 건물을 찾기 시작했다. 도시에서 조금 떨어져 있지만 교회로 사용하기에 적합하고, 성도들이 오가는 교통편도 적당한 아담한 2층집이었다.

새로 장만한 교회에서 첫 예배를 드리던 날, 테헤란의 지하 교회 지도자들도 모두 내려와 축하해 주었다. 하페즈는 자기가 지고 가는 십자가가 너무 가벼워 미안할 뿐이라며 오늘도 운전대를 잡는다.

우리가 보지 못한 세계

몇 년 전 이란 시내 한복판에서 한국 사람을 만났다. 헐렁한 청바지에 괴나리봇짐만 한 가방을 메고 길을 가던 그는 한국말에 놀라 이어폰을 빼고 꾸벅 인사를 했다.

"아니, 어떻게 이런 지역을 혼자 다니세요? 여기 사시나요?"

"아니요. 배낭여행 중인데…….."

배낭여행이 보편화되었다지만 이란까지 온다는 것이 놀라울 뿐이었다.

"배낭여행도 좋지만 이런 나라를 혼자 다니면 위험하지 않아요?"

그는 이해가 안 간다는 표정을 지었다.

"이란이 뭐가 위험해요? 여기는 관광 국가잖아요. 유적도 볼거리도 많고 여행 경비도 싼데 이런 곳을 안 오면 어디를 갑니까?"

다른 편 길로 한국 여자가 아는 척을 하며 지나갔다. 배낭족 숙소에서 만난 한국인이라고 했다. 그리고 또 한 명의 젊은 여자가 혼자 걸어 가다 우리를 발견하고 길을 건너 왔다.

이란의 거리에서 만난 세 명의 한국인을 데리고 인근 공원으로 갔다. 아이스크림을 사주며 그들의 여행담을 들었다. 그들은 하나같이 수 개월 동안 혼자서 세계를 여행하고 있었다. 혼자 전 세계를 돌아다니는 것도 그렇지만 이란이든, 아프가니스탄이든 보통 사람들이 꺼려하는 지역을 겁 없이 누비고 다니는 그들의 용기가 새삼 놀라웠다. 그들에게 사영리로 복음을 전했다. 한 사람도 예수를 영접하지 않았다. 그렇게 쉽게 인생의 문제를 결론 내리고 싶지 않다는 것이 예수를 거부하는 그들의 대답이었다. 이런 여행을 통해 '나'를 찾아가는 중이라고 덧붙였다.

그들이 떠난 공원 벤치에 혼자 앉아 생각했다. 천국의 소망도 없는 사람들은 세계 구석구석을 누비고 다니는데 주님을 믿고 천국으로 간다는 사람들은 왜 이런 나라에 오는 것을 두려워할까? '물이 바다 덮음같이 여호와의 영광이 온 땅에 넘치게 하기를' 찬양하는 젊은이들은 도대체 어디 있는 걸까? 이 땅의 민족들도 복음을 들어야 한다는 것을 몰라서 안 오는 것은 아닐 텐데……. 오는 길을 모르거나 왜 와서 이 민족을 도와야 하는지 안내해 줄 사람을 만나지 못해 그런 걸까?

국제본부로 돌아오는 길에 한국에 들렀다. 알고 있던 몇몇 학생 리더들을 만났다. 이란에서 만난 배낭여행족 이야기와 더불어 내 고민을 이야기했다. 그들은 하나같이 "우리도 가서 할 일이 있어요?"라고 반문했다. 현지인 사역자들이 얼마나 어렵게 사역을 하는지, 잠시만이라도 와서 도와 준다면 큰 도움이 된다고 하자 그들은 그 자리에서 가겠다고 약속했다.

그로부터 4개월 후, 대학생들로 구성된 단기 선교팀이 이란에 왔다. 한나절 동안 안전 수칙 등을 주지시키는 오리엔테이션을 끝내고 팀을 나누어 전국을 여행하도록 했다. 처음에는 긴장하는 듯했다. 테러가 일어난다고 알려진 나라고, 언어도 모르고, 길도 모르는데 자기들끼리 여행한다는 게 과연 가능할지 확신이 서지 않는 표정이었다.

사실 선교팀이 전국 각지로 떠나기 전 현지인 사역자들은 그들이 방문할 주요 도시와 지역에 안전팀을 배치한다. 지하에서 활동하던 현지인 사역자들이 외국에서 온 사람들을 직접 접촉할 수는 없지만 그들을 살피며 문제가 발생했을 때 바로 대처할 수 있도록 대비하고 있다. 긴급 대응팀도 인근 지역에 배치하여 상황을 수시로 파악하도록 한다. 선교팀은 눈치 채지 못하지만 항상 누군가가 그들 가까이서 보호하고 있는 것이다. 이것이 국제단체의 장점이다. 또한 세계적인 네트워크가 잘 짜여 있어 어떤 사건이 발생하더라도 신속하게 대응할 수 있다. 물론 이런 시스템을 구축하는 데 많은 재정이 필요하고, 관련된 사역자들을 정기적으로 훈련시켜야 하는 번거로움이 있다. 하지만 이런 것들을 낭비라고 생각하여 제대로 준비하지 않으면 안전 보장에도 허점이 생기고 문제가 발생하면 처리에 어려움을 겪을 수도 있다.

선교팀은 성경에 나오는 왕비 에스더가 살던 수산성 터에도 갔고, 고레스, 아닥사스다 왕 등 페르시아 왕들의 궁전 터에도 들렀다. 다니엘의

이 민족을 위해 기도하러 왔던 주의 자녀들은 주님의 은혜에 감격하여 울고 웃으며
우리가 책임져야 할 또 다른 세계를 보기 시작했다.

무덤과 이슬람이 꽃 피우던 유적지도 방문했다. 또 많은 시간을 현지인
가정을 방문하며 보냈다. 그들이 사는 이야기를 들으며 미디어를 통해
비춰지던 이란과는 또 다른 얼굴의 이란을 볼 수 있었다. 주민들은 정도
많고 인심도 후해 우리네 시골 아저씨, 아주머니를 만나는 것 같았다.

그러면서 그들이 얼마나 힘들게 살고 있는지 두 눈으로 똑똑히 볼 수 있었다.

3주에 걸친 여행을 마치고 약속된 장소에 모였을 때 모두들 상기되어 있었다. 처음 공항에 도착했을 때의 경직된 표정은 찾아볼 수 없었다. 그동안 겪은 일들을 이야기하느라 시간 가는 줄 몰랐다.

"저는 이번 여행에서 자신감을 얻었습니다. 아무 데도 기댈 곳 없는 낯선 이 나라에서 승리했는데 이제 세계 어느 나라든 못가겠습니까?"

반대편에 앉아 있던 학생이 말을 이었다.

"저는 기도가 무엇인지 배웠습니다. 이제껏 기도는 뭔가 격식 있고 거룩한 단어들로만 해야 한다고 오해했습니다. 하지만 다니면서 그렇게 기도하지 못했습니다. 저는 '주님, 배고파요. 밥 먹을 곳으로 안내해 주세요.'라고 기도했습니다. 그랬더니 5분도 안 되어 밥을 먹을 수 있게 되었습니다. '잠 잘 곳으로 인도해 주세요.'라고 기도하면 전혀 모르는 아주머니가 지나가다가 자기 집에 와서 자고 가라는 것이었습니다. 하루에도 수십 번씩 이런 경험을 하니 기도하는 것이 너무 재미있었습니다. 성령님께서 제 옆에 계신 것처럼 느껴졌습니다."

우리는 이런 이야기들을 나누며 밤을 새웠다. 이 민족을 위해 기도하러 왔던 주의 자녀들은 주님의 은혜에 감격하여 울고 웃으며 우리가 책임져야 할 또 다른 세계를 보기 시작했다.

지금 가야 한다

이란 사역을 마치고 요르단에 갔다가 이라크 사역자들을 만났다. 전쟁과 테러로 몸살을 앓고 있는 이라크에서 활발히 전도하고 있는 분들이었다. 점심을 함께하는 중에 한 형제가 얘기를 꺼냈다.

바로 며칠 전, 한 미군 병사가 이라크 어린이들에게 사탕을 나누어 주고 있었다. 그때 그곳에서 자살 폭탄 테러가 일어나 병사와 그 앞에 있던 어린이들이 한꺼번에 다 죽고 말았다. 바로 그 앞에 있던 형제는 그의 조카도 폭탄에 날아가 온몸이 찢기는 걸 목격하고 말았다. 처참하게 죽은 조카의 시체를 부둥켜안고 자신이 어디에 있는지 새삼 확인했다고 한다. 이라크는 이런 일이 언제 어디서 일어날지 모르는, 그래서 항상 죽음과 마주 하고 있는 곳임을 말이다. 내가 물었다.

"그런데 그 불안한 곳으로 왜 또 갑니까? 꼭 지금 안 가도 되잖아요?"

그는 고개를 가로 저으며 말했다.

"이라크는 지금이 복음을 전할 수 있는 최적의 기회입니다. 지금 복음을 전하지 않으면 언제 기회가 다시 올지 모릅니다. 죽음이 나를 멈추기 전까지 이 땅에서 복음을 전할 겁니다."

털털거리는 승용차로 국경을 넘어오는데 눈물이 핑 돌았다. 한국에 복음이 처음 전해지던 때와 지금의 이라크는 별반 다를 게 없다. 한국에 들어온 선교사들도 목숨을 보장받지 못했다. 어떤 이는 참수형을 당하기도 하고, 어떤 이는 추운 겨울에 감옥에서 죽기도 하고, 어떤 이는 한국 땅에 발을 내딛지도 못하고 배에서 죽기도 했다. 풍토병으로 죽은 이들은 그나마 나은 축에 속했다. 그래도 한국 땅으로 수많은 선교사들이 찾아왔다. 한 사람에게라도 복음을 전하기 위해서라면 목숨도 아까워하지 않았다. 그들이 흘린 피 위에 한국 교회가 세워졌다.

한국 교회는 양적으로 급성장했다. 그러나 쉽게 세련되고 귀족화되었다. 선교는 필수가 아니라 선택이 되었다. 교회 성장에 도움이 되거나 여건이 되어야만 하는 '프로그램'으로 전락했다. 그래서 '얼마나 안전하냐, 얼마나 저렴하냐, 얼마나 단시간 내에 성과를 낼 수 있는 곳이냐'가 선교지 선택의 중요한 기준이 되었다. 전 세계적으로 약 15억이나 되는 사람들이 복음을 한 번도 들어보지 못하고 죽어 간다. 한 시간에 200명이 넘게 죽어가는 것이다. 누구도 가서 그들에게 복음을 전하지 않기 때문이다. 누구 탓이 아닌 바로 우리가 가지 않기 때문이다.

예수님께서는 70인 제자들을 보내실 때 '어린 양을 이리 가운데로 보냄과 같다'(눅 10:3)고 하셨다. 위험할 것을 아셨지만 그런 세상으로 제자들을 보내신 것이다. 추수할 것은 많은데 일꾼이 적은 절박감 때문이었다. 잃어버린 한 마리 양을 찾는 목자의 심정과 구원의 복된 소식을 듣지 못하는 영혼들에 대한 안타까움 때문이었다. 그것이 이 땅에 오신 목적이라고 말씀하셨다. 환경과 조건이 좋아지기를 기다리는 것이 아니라 지금 당장 복음을 들고 가는 것이 한 영혼에 대한 예수님의 애끓는 마음이다. 예수님은 위험이 있음에도 보내셨는데 위험할지도 모른다는 막연한 걱정 때문에 가지 않는다면 우리의 믿음을 다시 한 번 생각해 봐야 하지 않을까?

선교를 포기하는 순간 교회는 교회로서의 정체성을 잃어버리게 된다. 교회는 세상에 나가 잃어버린 영혼에게 구원의 빛을 보여 주는 증인이 되어야 한다. 선교는 선택 사항이 아니라 교회의 존재 의미 자체인 것이다. 우리가 기도할 것은 선교를 해야 하는지 마는지가 아니라 선교 방법의 문제에 대해서다. 위험한 지역에서는 선교를 중지하겠다는 목소리도 있다. 그러나 '주님을 모르고 죽어가는 영혼'이 선교의 목표이며 조건이 되어야 한다. 위험하고 살기 어려운 곳이라도 잃어버린 영혼이 한 명이라도 있는 곳이라면 찾아 가는 것이 선교이다.

거저 받은 사랑을 나눠 주기 위해 시선을 돌리면 잃어버린 영혼들이 보인다. 우리 눈에 보이지 않던 가난한 영혼들은 쉽게 가시지 않을 상처를 안고 우리를 기다리고 있다. 죽어 가는 영혼에 아주 작은 생명이 심겨 진다면 이보다 더 가치 있는 일이 있을까? 내가 가지고 있는 소망의

이유를 나누고 싶은 뜨거운 열정이 있는지, 과연 그것이 있는지 조용히
물어본다.

세계 책임 의식을 품은 그리스도인을 위해

한 어촌 마을에 어부들이 어떻게 하면 물고기를 많이 잡을지 고민하다 전문가를 초청하여 세미나를 열기로 했다. 그리하여 어류 전문가, 해류 전문가를 초청해 물고기의 특성과 해류와의 관계 등을 배우고 활용 방법들을 연구했다. 사람들은 자신감을 얻었고 할 수 있다는 의지로 불탔다. 배운 것을 익히려고 매주 연습을 하고 팀을 나누어 토론도 했다. 배도 수리하고, 건강한 몸을 위해 운동도 열심히 했다. 그러나 이 어촌 마을에서 물고기를 잡은 사람은 한 사람도 없었다. 아무도 바다에 나가 그물을 내리지 않았기 때문이다.

그러던 어느 날, 한 청년이 바다에 나갔다가 그물을 내렸는데 어렵지 않게 물고기 한 마리를 잡았다. 사람들이 깜짝 놀라며 그에게 몰려들었다. 물고기 잡는 비결을 들으려고 아우성이었다. 젊은이는 바다에 나가 그물을 내리기만 했는데 물고기가 잡혔다고 말했다. 어부들은 모두 놀랐고 다시금 자신감이 충만해졌다. 마을 사람들은 돌아가며 젊은이를 초청해 경험담을 들었다. 수많은 사람들이 그의 말에 감동 받고 흥분했다. 인근 마을까지 소문이 퍼져 젊은이는 유명인이 되었다.

그러나 세월이 흘러도 이 어촌 마을에서 물고기를 잡은 사람은 한 사람도 없었다. 왜냐하면 아무도 물고기를 잡으러 가지 않았기 때문이다. 물고기를 잡은 젊은이도 경험담을 이야기하러 다니느라 바빠 더 이상 바다에 나가지 못했다.

토론토에 계신 임현수 목사님이 하신 이이야기다. 실천하지 않는 삶을 단적으로 꼬집는 이야기에 웃으면서도 마음에 찔림이 컸다. 믿음은 실천을 통해 완성된다. 말씀을 들어도 삶 속에 열매가 없는 것은 실천하지 않기 때문이다. 믿음은 행함으로 세상 속에 드러내야 한다.

주님께서는 우리를 택하시고 증인으로 부르셨다. 증인이란 보고 듣고 체험한 사랑과 은혜를 다른 사람에게 흘려보내는 자다. 믿음이 행함을 통해 보여지는 자다. 받은 사랑과 은혜가 내 것이 아니기에, 거저 받았기에 섬기면서 겸손하게 전해 주는 자다.

세상은 증인 된 우리를 기다리고 있다. 그들은 우리가 받은 사랑과 은혜를 동일하게 받아야 할 자들이다. 그들은 우리 가까이에도 멀리에도 있다. 곧 우리가 사랑해야 할 대상은 '모든 민족'이라는 말이다. 그래서 주님을 내 구주로 고백하는 순간, 우리는 '세계'를 사랑해야 할 사명을 갖게 된다. 특별한 사람에게만, 헌신된 사람에게만 책임이 있는 것이 아니라 우리 모두에게 주어진 동일한 사명인 것이다. 그 사명을 받은 적지 않은 사람이 이 땅에 있음에도 하나님의 사랑에 대해 한 번도 들어보지 못한 사람이 지구상에 15억이 넘는다. 누구도 그들에게 가지 않았기 때문이다. 우리가 가지 않는 동안 수많은 사람들이 하나님을 알지 못한 채 불행히 삶을 마감한다. 우리 것을 더 크고 더 화려하게 하는 데만 관심을 기울일 때 우리 눈에 보이지 않는 저편 사람들은 방치되고 있는 것이다. 그렇다면 어떻게 해야 할까? 세계를 책임져야 할 사명이 있는 우리는 무얼 어떻게 시작해야 할까?

세계 책임 의식을 행동으로 옮기는 첫걸음은 잃어버린 사람들에 대한 기도이다. 기도는 선교를 돕는 것이 아니라 선교 그 자체이다. 기도는 결코 작은 일이 아니다. 우리가 스스로 변화된 것이 아니듯 선교 현장에서도 선교사가 사람을 변화시키지는 못한다. 성령이 하신다. 그렇기 때문에 기도하는 것이다. 기도는 선교의 주인이 누구인지를 늘 깨닫게 한다.

두 번째로, 세계 책임 의식을 가진 그리스도인은 세상의 평균보다 한 단계 낮춰 사는 연습을 해야 한다. 내가 누리는 삶의 수준을 기꺼이 한 단계 낮출 때 그들을 도울 수 있다. 아무리 큰 부자라도 내 것을 꺼낼 여유는 늘 없다. 내 욕심을 다 채우고 세상의 기준에 맞추려면 늘 남과 비교하게 되고 부족함을 느낀다. 조금 소박하게 먹고 조금 가볍게 입고 조금 낮춰 사는 절제의 연습이 있어야 남을 도울 수 있는 것이다.

세 번째로, 할 수만 있다면 직접 그들에게 가서 섬기고 도와야 한다. 많은 사람들이 가서 무엇인가 하려고 하지만 선교는 하는(Doing) 것이 아니라 함께 있는(Being) 것이다. 그들의 삶 속에 들어가 함께 울고 웃으며 섬기는 자로 어우러져 살 때 삶을 통해 메시지가 전해진다. 그리고

262

복음을 구체적으로 전할 수 있는 기회가 자연스럽게 만들어진다. 그때 성령께서 그 영혼에게 역사하시도록 신뢰하며 순종하기만 하면 된다. 하지만 조급해서는 안 된다. 선교는 인내와의 싸움이다. 우리는 사역을 시작하기 전 이렇게 자문한다. '이것을 해서 50년 뒤 어떤 결과가 일어날까?' 50년이라는 기간의 의미는 우리가 그 열매를 지금 보겠다는 게 아니라 먼 훗날을 꿈꾸자는 의도다. 당장 눈앞에 결과가 보이지 않아도 서두르지 않는다. 내가 인정받겠다는 생각은 더더욱 없다. 성령이 움직이시도록 우리는 소망으로 인내하며 뿌리고 가꾸는 순종만 할 뿐이다.

내 울타리에만 갇혀 있지 말고 세계를 책임지는 일에 구체적인 실천을 보일 때가 바로 지금이다. 우리도 미전도종족이었다. 외국의 선교사들을 배척한 경험도 있다. 그러나 말씀에 대한 믿음, 기도에 대한 열정으로 절망을 소망으로 극복하지 않았던가.

여지껏 예수라는 이름을 한 번도 들어보지 못한 민족을 향해 복음을 들고 산을 넘자. 가슴속에서만 잠자고 있는 열정에 불을 붙여, 산을 넘는 자가 누리는 기쁨을 맛보았으면 좋겠다. 누구는 기도로, 누구는 물질로, 누구는 손과 발로 서로 역할은 다르지만 협력하여 세계를 책임지는 세계 복음화의 마지막 주자로 한국이 쓰임 받아, '꼬레, 슈크란!(한국인들이여, 고맙습니다!)'의 외침이 세계 곳곳에서 울려 퍼지는 날이 오길 기도한다. 나의 선교 여행은 여전히 진행 중이다. '보이지 않는 세계'의 사람들에게 '보이지 않는 나라'를 전하는 일은 주님 오시기 전까지 계속될 것이다. ✱

보이지 않는 세계가 더 넓다

지은이 박태수

2009. 6. 25. 초판 발행
2010. 2. 19. 4쇄 발행

펴낸이 정애주
편집 송승호 이현주 한미영 김기민 김준표 오은숙 유진실
미술 김진성 문정인 송하현 최혜영
제작 홍순흥 윤태웅
영업 오민택 차길환 국효숙 이진영 오형탁
관리 이남진 안기현
총무 정희자 마명진 김은오

펴낸곳 주식회사 홍성사
1977. 8. 1. 등록 / 제 1-499호
121-883 서울시 마포구 합정동 196-1
TEL. 333-5161 FAX. 333-5165
http://www.hsbooks.com
E-mail : hsbooks@hsbooks.com

ⓒ 박태수, 2009

ISBN 978-89-365-0268-3
값 11,000원 ※잘못된 책은 바꿔 드립니다.
Printed in Korea

홍성사. HONG SUNG SA, LTD.